Lab Manual

BLANCO | DONLEY

VISTA® HIGHER LEARNING
Boston, Massachusetts

Printed in the United States of America.

ISBN: 978-1-61857-057-4

1 2 3 4 5 6 7 8 9 BB 18 17 16 15 14 13

Contenido

LAB MANUAL

Introduction

The AVENTURAS Lab Manual

Completely coordinated with the **AVENTURAS** student textbook, the Lab Manual for **AVENTURAS** provides you with additional practice of the vocabulary, grammar, and language functions presented in each of the textbook's sixteen lessons. The Lab Manual will also help you to continue building your listening and speaking skills in Spanish. Icons and page references in the **recursos** boxes of the **AVENTURAS** student textbook correlate the Lab Manual to your textbook, letting you know when exercises and activities are available for use. Answers to the Lab Manual are located in a separate answer key booklet.

The laboratory activities are designed for use with the **AVENTURAS** Lab Audio Program. They focus on building your listening comprehension, speaking, and pronunciation skills in Spanish, as they reinforce the vocabulary and grammar of the corresponding textbook lesson. The Lab Manual guides you through the Lab Audio Program, providing the written cues—direction lines, models, charts, drawings, etc.—you will need in order to follow along easily. You will hear statements, questions, mini-dialogues, conversations, monologues, commercials, and many other kinds of listening passages, all recorded by native Spanish speakers. You will encounter a wide range of activities such as listening-and-repeating exercises, listening-and-speaking practice, listening-and-writing activities, illustration-based work, and dictations.

Each laboratory lesson contains a **Preparación** section that practices the active vocabulary taught in the corresponding textbook lesson. In **Lecciones 1–9**, a **Pronunciación** section follows; it parallels the one found in your textbook, and, offers additional exercises. In **Lecciones 10–16**, the **Pronunciación** sections are unique to the Lab Manual and the Lab Audio Program since, in those lessons, your textbook features **Ortografía** sections instead of **Pronunciación**. Each laboratory lesson then concludes with a **Gramática** section.

We hope that you will find the **AVENTURAS** Lab Manual to be a useful language learning resource and that it will help you to increase your Spanish language skills in a productive, enjoyable fashion.

*The **AVENTURAS** authors and the Vista Higher Learning editorial staff*

Nombre ____________________ Fecha ____________________

PREPARACIÓN

Lección 1

1

Identificar You will hear six short exchanges. For each one, decide whether it is a greeting, an introduction, or a leave-taking. Mark the appropriate column.

modelo

You hear: RAQUEL David, te presento a Paulina.
DAVID Encantado.
You mark: Introduction

	Greeting	*Introduction*	*Leave-taking*
Modelo	______	X	______
1.	______	______	______
2.	______	______	______
3.	______	______	______
4.	______	______	______
5.	______	______	______
6.	______	______	______

2

Asociar You will hear three conversations. Look at the drawing and write the number of the conversation under the appropriate group of people.

3

Preguntas Listen to each question or statement and respond with an answer from the list. Repeat the correct response after the speaker.

a. Mucho gusto.
b. Chau.
c. Nada.
d. Lo siento.
e. Bien, gracias.
f. Soy de los Estados Unidos.

Nombre ______________________ Fecha ______________________

PRONUNCIACIÓN

The Spanish alphabet

The Spanish and English alphabets are almost identical, with a few exceptions. For example, the Spanish letter **ñ** (**eñe**) doesn't exist in the English alphabet. Furthermore, the letters **k** (**ka**) and **w** (**doble v**) are used only in words of foreign origin. Examine the chart below to find other differences.

Letra	Nombre(s)	Ejemplo(s)	Letra	Nombre(s)	Ejemplo(s)
a	a	**a**diós	n	ene	**n**acionalidad
b	be	**b**ien, pro**b**lema	ñ	eñe	ma**ñ**ana
c	ce	**c**osa, **c**ero	o	o	**o**nce
ch	che	**ch**ico	p	pe	**p**rofesor
d	de	**d**iario, na**d**a	q	cu	**q**ué
e	e	**e**studiante	r	ere	**r**egular, seño**r**a
f	efe	**f**oto	s	ese	**s**eñor
g	ge	**g**racias, **G**erardo, re**g**ular	t	te	**t**ú
h	hache	**h**ola	u	u	**u**sted
i	i	**i**gualmente	v	ve	**v**ista, nue**v**o
j	jota	**J**avier	w	doble ve	***w**alkman*
k	ka, ca	**k**ilómetro	x	equis	e**x**istir, Mé**x**ico
l	ele	**l**ápiz	y	i griega, ye	**y**o
ll	elle	**ll**ave	z	zeta, ceta	**z**ona
m	eme	**m**apa			

1 **El alfabeto** Repeat the Spanish alphabet and example words after the speaker.

2 **Práctica** When you hear the number, say the corresponding word aloud and then spell it. Then listen to the speaker and repeat the correct response.

1. nada
2. maleta
3. quince
4. muy
5. hombre
6. por favor
7. San Fernando
8. Estados Unidos
9. Puerto Rico
10. España
11. Javier
12. Ecuador
13. Maite
14. gracias
15. Nueva York

3 **Dictado** You will hear six people introduce themselves. Listen carefully and write the people's names as they spell them.

1. ______________________________
2. ______________________________
3. ______________________________
4. ______________________________
5. ______________________________
6. ______________________________

Nombre ______________________ Fecha ______________________

GRAMÁTICA

1.1 Nouns and articles

1 **Identificar** You will hear a series of words. Decide whether the word is masculine or feminine, and mark the appropriate column.

modelo

You hear: lección
You mark: Feminine

	Masculine	*Feminine*
Modelo	______	X
1.	______	______
2.	______	______
3.	______	______
4.	______	______
5.	______	______
6.	______	______
7.	______	______
8.	______	______

2 **Transformar** Change each word from the masculine to the feminine. Repeat the correct answer after the speaker. (*6 items*)

modelo

el chico
la chica

3 **Cambiar** Change each word from the singular to the plural. Repeat the correct answer after the speaker. (*8 items*)

modelo

una palabra
unas palabras

4 **Completar** Listen as Silvia reads her shopping list. Write the missing words.

______ *diccionario*
un ______
______ *cuadernos*
______ *mochila*
______ *mapa de* ______
______ *lápices*

1.2 Numbers 0–30

1

Identificar ¡Bingo! You are going to play two games **(juegos)** of bingo. As you hear each number, mark your bingo card.

Juego 1		
1	3	5
29	25	6
14	18	17
9	12	21

Juego 2		
0	30	27
10	3	2
16	19	4
28	22	20

2

Números Use the cue to tell how many there are of each item. Repeat the correct response after the speaker.

modelo

You see: 18 chicos
You say: dieciocho chicos

1. 15 lápices
2. 4 computadoras
3. 8 cuadernos
4. 22 días
5. 9 maletas
6. 30 fotos
7. 1 palabra
8. 26 diccionarios
9. 12 países
10. 3 problemas
11. 17 escuelas
12. 25 turistas

3

Completar You will hear a series of math problems. Write the missing numbers and solve the problems.

1. ________ + ___11___ = ________
2. ________ – ___5___ = ________
3. ___8___ + ________ = ________
4. ________ – ___12___ = ________
5. ___3___ + ________ = ________
6. ________ + ___0___ = ________

4

Preguntas Look at the drawing and answer each question you hear. Repeat the correct response after the speaker. (*6 items*)

Nombre ______________________________ Fecha ______________________________

1.3 Present tense of ser

1 **Identificar** Listen to each sentence and mark the subject of the verb.

modelo
You hear: Son pasajeros.
You mark: ellos/ellas

	yo	tú	él/ella	nosotros/as	ellos/ellas
Modelo	____	____	____	____	X
1.	____	____	____	____	____
2.	____	____	____	____	____
3.	____	____	____	____	____
4.	____	____	____	____	____
5.	____	____	____	____	____
6.	____	____	____	____	____

2 **Cambiar** Form a new sentence using the cue you hear as the subject. Repeat the correct answer after the speaker. (*8 items*)

modelo
Isabel es de los Estados Unidos. (yo)
Yo soy de los Estados Unidos.

3 **Escoger** Listen to each question and choose the most logical response.

1. a. Soy Patricia. b. Es la señora Gómez.
2. a. Es de California. b. Él es conductor.
3. a. Es de Ecuador. b. Es un diccionario.
4. a. Es de Patricia. b. Soy estudiante.
5. a. Él es conductor. b. Es de España.
6. a. Es un cuaderno. b. Soy de los Estados Unidos.

4 **Preguntas** Answer each question you hear using the cue provided. Repeat the correct response after the speaker.

modelo
You hear: ¿De dónde es Pablo?
You see: Estados Unidos
You say: *Él es de los Estados Unidos.*

1. España 2. California 3. México 4. Ecuador 5. Puerto Rico 6. Colorado

5 **¿Quiénes son?** Listen to this conversation and write the answers to the questions.

1. ¿Cómo se llama la mujer? ______________________________
2. ¿Cómo se llama el hombre? ______________________________
3. ¿De dónde es él? ______________________________
4. ¿De dónde es ella? ______________________________
5. ¿Quién es estudiante? ______________________________
6. ¿Quién es profesor(a)? ______________________________

1.4 Telling time

1 **La hora** Look at the clock and listen to the statement. Indicate whether the statement is **cierto** or **falso**.

	Cierto	Falso		Cierto	Falso		Cierto	Falso
1. 	❍	❍	2. 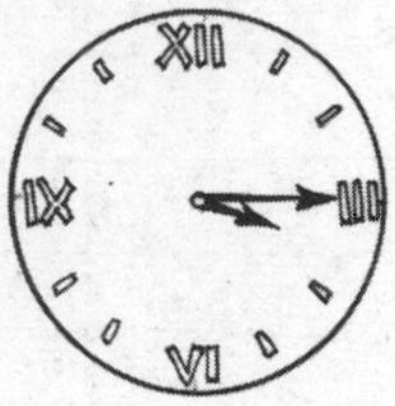	❍	❍	3. 	❍	❍
4. 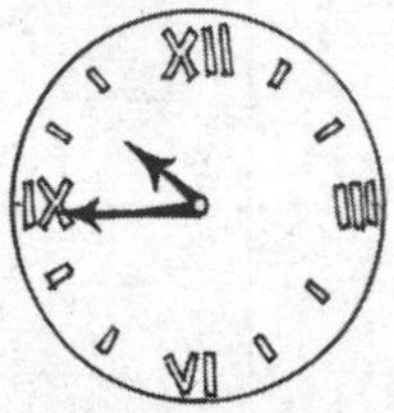	❍	❍	5. 	❍	❍	6. 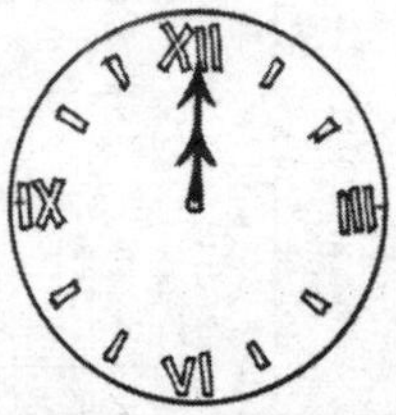	❍	❍

2 **Preguntas** Some people want to know what time it is. Answer their questions using the cues. Repeat the correct response after the speaker.

modelo

You hear: ¿Qué hora es, por favor?
You see: 3:10 p.m.
You say: *Son las tres y diez de la tarde.*

1. 1:30 p.m.
2. 9:06 a.m.
3. 2:05 p.m.
4. 7:15 a.m.
5. 4:54 p.m.
6. 10:23 p.m.

3 **¿A qué hora?** You are trying to plan your class schedule. Ask your counselor what time these classes meet and write the answer.

modelo

You see: la clase de economía
You say: *¿A qué hora es la clase de economía?*
You hear: Es a las once y veinte de la mañana.
You write: 11:20 a.m.

1. la clase de biología: ______________
2. la clase de arte: ______________
3. la clase de matemáticas: ______________
4. la clase de literatura: ______________
5. la clase de historia: ______________
6. la clase de sociología: ______________

Nombre ______________________________ Fecha ______________________________

PREPARACIÓN

Lección 2

1 **Identificar** Look at each drawing and listen to the statement. Indicate whether the statement is **cierto** or **falso**.

	Cierto	Falso
1. 	❍	❍
2. 	❍	❍
3. 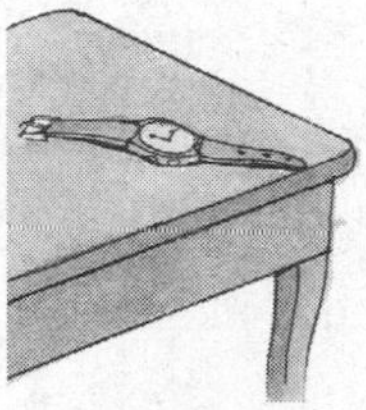	❍	❍
4. 	❍	❍
5. 	❍	❍
6. 	❍	❍

2 **¿Qué día es?** Your friend Diego is never sure what day of the week it is. Respond to his questions saying that it is the day before the one he mentions. Then repeat the correct answer after the speaker. (*6 items*)

modelo

Hoy es domingo, ¿no?

No, hoy es sábado.

3 **Preguntas** You will hear a series of questions. Look at Susana's schedule for today and answer each question. Then repeat the correct response after the speaker. (*6 items*)

martes 18

9:00 economía — Sr. Rivera	1:30 prueba de contabilidad — Sr. Ramos
11:00 química — Sra. Hernández	3:00 matemáticas — Srta. Torres
12:15 cafetería — Carmen	4:30 laboratorio de computación — Héctor

Nombre ______________________ Fecha ______________________

PRONUNCIACIÓN

Spanish vowels

Spanish vowels are never silent; they are always pronounced in a short, crisp way without the glide sounds used in English.

a **e** **i** **o** **u**

The letter **a** is pronounced like the *a* in *father*, but shorter.

Álex cl**a**se n**a**d**a** enc**a**nt**a**d**a**

The letter **e** is pronounced like the *e* in *they*, but shorter.

el **e**n**e** m**e**sa **e**l**e**fant**e**

The letter **i** sounds like the *ee* in *beet*, but shorter.

Inés ch**i**ca t**i**za señor**i**ta

The letter **o** is pronounced like the *o* in *tone*, but shorter.

h**o**la c**o**n libr**o** d**o**n Francisc**o**

The letter **u** sounds like the *oo* in *room*, but shorter.

uno reg**u**lar sal**u**dos g**u**sto

1 **Práctica** Practice the vowels by repeating the names of these places in Spain after the speaker.

1. Madrid
2. Alicante
3. Tenerife
4. Toledo
5. Barcelona
6. Granada
7. Burgos
8. La Coruña

2 **Oraciones** Repeat each sentence after the speaker, focusing on the vowels.

1. Hola. Me llamo Ramiro Morgado.
2. Estudio arte en la Universidad de Salamanca.
3. Tomo también literatura y contabilidad.
4. Ay, tengo clase en cinco minutos. ¡Nos vemos!

3 **Refranes** Repeat each saying after the speaker to practice vowels.

1. Del dicho al hecho hay un gran trecho.
2. Cada loco con su tema.

4 **Dictado** You will hear a conversation. Listen carefully and write what you hear during the pauses. The entire conversation will then be repeated so you can check your work.

JUAN ____

____

____

ROSA ____

JUAN ____

ROSA ____

Nombre ______________________ Fecha ______________________

GRAMÁTICA

2.1 Present tense of regular –ar verbs

1 **Identificar** Listen to each sentence and mark the subject of the verb.

modelo

You hear: Trabajo en la cafetería.
You mark: yo

	yo	tú	él/ella	nosotros/as	ellos/ellas
Modelo	X	____	____	____	____
1.	____	____	____	____	____
2.	____	____	____	____	____
3.	____	____	____	____	____
4.	____	____	____	____	____
5.	____	____	____	____	____
6.	____	____	____	____	____
7.	____	____	____	____	____
8.	____	____	____	____	____

2 **Cambiar** Form a new sentence using the cue you hear as the subject. Repeat the correct answer after the speaker. (*6 items*)

modelo

María practica los verbos ahora (*now*). (José y María)
José y María practican los verbos ahora.

3 **Preguntas** Answer each question you hear in the negative. Repeat the correct response after the speaker. (*8 items*)

modelo

¿Estudias geografía?
No, yo no estudio geografía.

4 **Completar** Listen to the following description and write the missing words.

Teresa y yo ______________ (1) en la Universidad Autónoma de España. Teresa ______________ (2) lenguas extranjeras. Ella ______________ (3) trabajar en las Naciones Unidas (*United Nations*). Yo ______________ (4) clases de periodismo. También me gusta ______________ (5) y ______________ (6). Los sábados ______________ (7) con (*with*) una tuna. Una tuna es una orquesta (*orchestra*) estudiantil. Los jóvenes de la tuna ______________ (8) por las calles (*streets*) y ______________ (9) canciones (*songs*) tradicionales de España.

2.2 Forming questions in Spanish

1

Escoger Listen to each question and choose the most logical response.

1. a. Porque (*Because*) mañana es la prueba. b. Porque no hay clase mañana.
2. a. Viaja en autobús. b. Viaja a Toledo.
3. a. Llegamos a las cuatro y media. b. Llegamos al estadio.
4. a. Isabel y Diego dibujan. b. Dibujan en la clase de arte.
5. a. No, enseña física. b. No, enseña en la Universidad Politécnica.
6. a. Escuchan la clase. b. Escuchan música clásica.
7. a. Sí, me gusta mucho. b. Miro la televisión en la residencia.
8. a. Hay diccionarios en la biblioteca. b. Hay tres.

2

Cambiar Change each sentence into a question using the cue provided. Repeat the correct response after the speaker.

modelo

You hear: Los turistas toman el autobús.
You see: ¿Quiénes?
You say: **¿Quiénes toman el autobús?**

1. ¿Dónde?
2. ¿Cuántos?
3. ¿Qué?
4. ¿Quién?
5. ¿Cuándo?
6. ¿Dónde?
7. ¿Quiénes?
8. ¿Qué?

3

¿Lógico o ilógico? You will hear some questions and the responses. Decide if they are **lógico** (*logical*) or **ilógico** (*illogical*).

1. Lógico Ilógico
2. Lógico Ilógico
3. Lógico Ilógico
4. Lógico Ilógico
5. Lógico Ilógico
6. Lógico Ilógico

4

Un anuncio Listen to this radio advertisement and answer the questions.

1. ¿Dónde está (*is*) la Escuela Cervantes? ______________________

____

2. ¿Qué cursos ofrecen (*do they offer*) en la Escuela Cervantes? ______________________

____

3. ¿Cuándo practican los estudiantes el español? ______________________

____

4. ¿Adónde viajan los estudiantes de la Escuela Cervantes? ______________________

____

Nombre ______________________ Fecha ______________________

2.3 The present tense of estar

1 **Describir** Look at the drawing and listen to each statement. Indicate whether the statement is **cierto** or **falso**.

	Cierto	Falso		Cierto	Falso		Cierto	Falso		Cierto	Falso
1.	❍	❍	3.	❍	❍	5.	❍	❍	7.	❍	❍
2.	❍	❍	4.	❍	❍	6.	❍	❍	8.	❍	❍

2 **Cambiar** Form a new sentence using the cue you hear. Repeat the correct answer after the speaker. (*8 items*)

modelo

Irma está en la biblioteca. (Irma y Hugo)

Irma y Hugo *están en la biblioteca.*

3 **Escoger** You will hear some sentences with a beep in place of the verb. Decide which form of **ser** or **estar** should complete each sentence and select it.

modelo

You hear: Javier *(beep)* estudiante.

You select: es because the sentence is *Javier es estudiante.*

1. a. es	b. está	5. a. es	b. está
2. a. es	b. está	6. a. eres	b. estás
3. a. es	b. está	7. a. son	b. están
4. a. Somos	b. Estamos	8. a. Son	b. Están

2.4 Numbers 31–100

1

Números de teléfono You want to invite some classmates to a party, but you don't have their telephone numbers. Ask the person who sits beside you what their telephone numbers are and write the answer.

modelo

You see: Elián
You say: ¿Cuál es el número de teléfono de Elián?
You hear: Es el ocho, cuarenta y tres, cero ocho, treinta y cinco.
You write: 843-0835

1. Arturo: ____________________
2. Alicia: ____________________
3. Roberto: ____________________
4. Graciela: ____________________
5. Simón: ____________________
6. Eva: ____________________
7. José Antonio: ____________________
8. Mariana: ____________________

2

Preguntas You and a coworker are taking inventory at the university bookstore. Answer your co-worker's questions using the cues. Repeat the correct response after the speaker.

modelo

You hear: ¿Cuántos diccionarios hay?
You see: 45
You say: Hay cuarenta y cinco diccionarios.

1. 56
2. 32
3. 64
4. 83
5. 95
6. 48
7. 31
8. 79

3

Mensaje telefónico Listen to this telephone conversation and complete the phone message with the correct information.

Mensaje telefónico

Para *(For)* ____________________
De parte de *(From)* ____________________
Teléfono ____________________
Mensaje ____________________
____
____
____

Nombre ______________________ Fecha ______________________

PREPARACIÓN

Lección 3

1 **Escoger** You will hear some questions. Look at the family tree and choose the correct answer to each question.

1. a. Pilar b. Concha
2. a. Luis Miguel b. Eduardo
3. a. Sofía b. Ana María
4. a. Raquel b. Sofía
5. a. José Antonio y Ramón b. Eduardo y Ana María
6. a. Joaquín b. Eduardo
7. a. Ana María b. Sofía
8. a. Luis Miguel b. Juan Carlos

2 **La familia González** Héctor wants to verify the relationship between various members of the González family. Look at the drawing and answer his questions with the correct information. Repeat the correct response after the speaker. (*6 items*)

modelo
Juan Carlos es el abuelo de Eduardo, ¿verdad?
No, Juan Carlos es el padre de Eduardo.

3 **Profesiones** Listen to each statement and write the number of the statement below the drawing it describes.

a. ______ b. ______ c. ______ d. ______

Nombre ______________________ Fecha ______________________

PRONUNCIACIÓN

Diphthongs and linking

In Spanish, **a, e,** and **o** are considered strong vowels. The weak vowels are **i** and **u.**

herm**a**n**o** ni**ñ**a cu**ñ**a**d**o

A diphthong is a combination of two weak vowels or of a strong vowel and a weak vowel. Diphthongs are pronounced as a single syllable.

r**ui**do par**ie**ntes per**io**dista

Two identical vowel sounds that appear together are pronounced like one long vowel.

l**a** **a**buela m**i** **hi**jo una clas**e** **e**xcelente

Two identical consonants together sound like a single consonant.

co**n** **N**atalia su**s** **s**obrinos la**s** **s**illas

A consonant at the end of a word is always linked with the vowel sound at the beginning of the next word.

E**s** **i**ngeniera. mi**s** **a**buelos su**s** **hi**jos

A vowel at the end of a word is always linked with the vowel sound at the beginning of the next word.

m**i** **he**rmano s**u** **e**sposa nuestr**o** **a**migo

1

Práctica Repeat each word after the speaker, focusing on the diphthongs.

1. historia	4. novia	7. puerta	10. estudiar
2. nieto	5. residencia	8. ciencias	11. izquierda
3. parientes	6. prueba	9. lenguas	12. ecuatoriano

2

Oraciones When you hear the number, read the corresponding sentence aloud. Then listen to the speaker and repeat the sentence.

1. Hola. Me llamo Anita Amaral. Soy del Ecuador.
2. Somos seis en mi familia.
3. Tengo dos hermanos y una hermana.
4. Mi papá es del Ecuador y mi mamá es de España.

3

Refranes Repeat each saying after the speaker to practice diphthongs and linking sounds.

1. Cuando una puerta se cierra, otra se abre.
2. Hablando del rey de Roma, por la puerta se asoma.

4

Dictado You will hear eight sentences. Each will be said twice. Listen carefully and write what you hear.

1. ______________________
2. ______________________
3. ______________________
4. ______________________
5. ______________________
6. ______________________
7. ______________________
8. ______________________

Nombre ______________________________ Fecha ______________________________

GRAMÁTICA

3.1 Descriptive adjectives

1 **Transformar** Change each sentence from the masculine to the feminine. Repeat the correct answer after the speaker. (6 *items*)

modelo
El chico es mexicano.
La chica es mexicana.

2 **Cambiar** Change each sentence from the singular to the plural. Repeat the correct answer after the speaker. (6 *items*)

modelo
El profesor es ecuatoriano.
Los profesores son ecuatorianos.

3 **Mis compañeros de clase** Describe your classmates, using the cues provided. Repeat the correct response after the speaker.

modelo
You hear: María
You see: alto
You say: *María es alta.*

1. simpático
2. rubio
3. inteligente
4. pelirrojo y muy bonito
5. alto y moreno
6. delgado y trabajador
7. bajo y gordo
8. tonto

4 **Completar** Listen to the following description and write the missing words.

Mañana mis parientes llegan de Guayaquil. Son cinco personas: mi abuela Isabel, tío Carlos y tía Josefina y mis primos Susana y Tomás. Mi prima es ______ (1) y ______ (2). Baila muy bien. Tomás es un niño ______ (3), pero es ______ (4). Tío Carlos es ______ (5) y ______ (6). Tía Josefina es ______ (7) y ______ (8). Mi abuela es ______ (9) y muy ______ (10).

5 **La familia Rivas** Look at the photo of the Rivas family and listen to each statement. Indicate whether the statement is **cierto** or **falso**.

	Cierto	Falso
1.	❍	❍
2.	❍	❍
3.	❍	❍
4.	❍	❍
5.	❍	❍
6.	❍	❍
7.	❍	❍

3.2 Possessive adjectives

1 **Identificar** Listen to each statement and mark the possessive adjective you hear.

modelo

You hear: Es mi diccionario de español.
You mark: my

	my	*your* (familiar)	*your* (formal)	*his/her*	*our*	*their*
Modelo	X					
1.						
2.						
3.						
4.						
5.						
6.						
7.						
8.						

2 **Escoger** Listen to each question and choose the most logical response.

1. a. No, su hijastro no está aquí.
   b. Sí, tu hijastro está aquí.
2. a. No, nuestros abuelos son canadienses.
   b. Sí, sus abuelos son norteamericanos.
3. a. Sí, tu hijo trabaja ahora (*now*).
   b. Sí, mi hijo trabaja en la librería Goya.
4. a. Sus padres regresan a las nueve.
   b. Mis padres regresan a las nueve.
5. a. Nuestra hermana se llama Margarita.
   b. Su hermana se llama Margarita.
6. a. Tus plumas están en el escritorio.
   b. Sus plumas están en el escritorio.
7. a. No, mi sobrino es ingeniero.
   b. Sí, nuestro sobrino es programador.
8. a. Su horario es muy bueno.
   b. Nuestro horario es muy bueno.

3 **Preguntas** Answer each question you hear in the affirmative using the appropriate possessive adjective. Repeat the correct response after the speaker. (*7 items*)

modelo

¿Es tu lápiz?
Sí, es mi lápiz.

Nombre ______________________ Fecha ______________________

3.3 Present tense of regular –er and –ir verbs

1 **Identificar** Listen to each statement and mark the subject of the verb.

modelo

You hear: Corro con (*with*) Dora mañana.
You mark: yo

	yo	tú	él/ella	nosotros/as	ellos/ellas
Modelo	X				
1.					
2.					
3.					
4.					
5.					
6.					

2 **Cambiar** Listen to the following statements. Using the cues you hear, say that these people do the same activities. Repeat the correct answer after the speaker. (*8 items*)

modelo

Julia aprende francés. (mi amigo)
Mi amigo también (*also*) aprende francés.

3 **Preguntas** Answer each question you hear in the negative. Repeat the correct response after the speaker. (*8 items*)

modelo

¿Viven ellos en una residencia estudiantil?
No, ellos no viven en una residencia estudiantil.

4 **Describir** Listen to each statement and write the number of the statement below the drawing it describes.

a. ______________

b. ______________

c. ______________

d. ______________

3.4 Present tense of tener and venir

1

Cambiar Form a new sentence using the cue you hear as the subject. Repeat the correct answer after the speaker. (*6 items*)

modelo

Alicia viene a las seis. (David y Rita)
David y Rita vienen a las seis.

2

Consejos (*Advice*) Some people are not doing what they should. Say what they have to do. Repeat the correct response after the speaker. (*6 items*)

modelo

Elena no trabaja.
Elena tiene que trabajar.

3

Preguntas Answer each question you hear using the cue. Repeat the correct answer after the speaker.

modelo

¿Tienen sueño los niños? (no)
No, los niños no tienen sueño.

1. sí
2. Roberto
3. no
4. dos
5. sí
6. mis tíos
7. el domingo

4

Situaciones Listen to each situation and choose the appropriate **tener** expression. Each situation will be repeated.

1. a. Tienes sueño. b. Tienes prisa.
2. a. Tienen mucho cuidado. b. Tienen hambre.
3. a. Tenemos mucho calor. b. Tenemos mucho frío.
4. a. Tengo sed. b. Tengo hambre.
5. a. Ella tiene razón. b. Ella no tiene razón.
6. a. Tengo miedo. b. Tengo sueño.

5

Mi familia Listen to the following description. Then read the statements and decide whether they are **cierto** or **falso**.

	Cierto	Falso
1. Francisco tiene 20 años.	❍	❍
2. Francisco desea ser periodista.	❍	❍
3. Francisco vive con su familia.	❍	❍
4. Su madre es inglesa.	❍	❍
5. Francisco tiene un hermano.	❍	❍
6. Él tiene una familia pequeña.	❍	❍

Nombre ______________________ Fecha ______________________

Workbook

PREPARACIÓN

Lección 4

1 **Lugares** You will hear six people describe what they are doing. Choose the place that corresponds to the activity.

1. ____________
2. ____________
3. ____________
4. ____________
5. ____________
6. ____________

a. el museo
b. el café
c. la piscina
d. el cine
e. el estadio
f. las montañas
g. el parque
h. la biblioteca

2 **Describir** For each drawing, you will hear two statements. Choose the one that corresponds to the drawing.

1. a. b.

2. a. b.

3. a. b.

4. a. b.

3 **Completar** Listen to this description and write the missing words.

Chapultepec es un ________ (1) muy grande en el ________ (2) de la ________ (3) de México. Los ________ (4) muchas ________ (5) llegan a Chapultepec a pasear, descansar y practicar ________ (6) como (*like*) el ________ (7), el fútbol, el vóleibol y el ________ (8). Muchos turistas también (*also*) ________ (9) por Chapultepec. Visitan los ________ (10) y el ________ (11) a los Niños Héroes.

PRONUNCIACIÓN

Word stress and accent marks

Every Spanish syllable contains at least one vowel. When two vowels are joined in the same syllable, they form a diphthong. A monosyllable is a word formed by a single syllable.

p**e** - l**í** - c**u** - l**a** | **e** - d**i** - f**i** - c**io** | v**e**r | y**o**

The syllable of a Spanish word that is pronounced most emphatically is the "stressed" syllable.

bi - blio - **te** - ca | vi - si - **tar** | **par** - que | **fút** - bol

Words that end in **n**, **s**, or a *vowel* are usually stressed on the next to last syllable.

pe - **lo** - ta | pis - **ci** - na | **ra**- tos | **ha** - blan

If words that end in **n**, **s**, or a *vowel* are stressed on the last syllable, they must carry an accent mark on the stressed syllable.

na - ta - **ción** | pa - **pá** | in - **glés** | Jo - **sé**

Words that do *not* end in **n**, **s**, or a *vowel* are usually stressed on the last syllable.

bai - **lar** | es - pa - **ñol** | u - ni - ver - si - **dad** | tra - ba - ja - **dor**

If words that do *not* end in **n**, **s**, or a *vowel* are stressed on the next to last syllable, they must carry an accent mark on the stressed syllable.

béis - bol | **lá** - piz | **ár** - bol | **Gó** - mez

1 **Práctica** Repeat each word after the speaker, stressing the correct syllable.

1. profesor
2. Puebla
3. ¿Cuántos?
4. Mazatlán
5. examen
6. ¿Cómo?
7. niños
8. Guadalajara
9. programador
10. México
11. están
12. geografía

2 **Conversación** Repeat the conversation after the speaker to practice word stress.

MARINA Hola, Carlos. ¿Qué tal?
CARLOS Bien. Oye, ¿a qué hora es el partido de fútbol?
MARINA Creo que es a las siete.
CARLOS ¿Quieres ir?
MARINA Lo siento, pero no puedo. Tengo que estudiar biología.

3 **Refranes** Repeat each saying after the speaker to practice word stress.

1. Quien ríe de último, ríe mejor.
2. En la unión está la fuerza.

4 **Dictado** You will hear six sentences. Each will be said twice. Listen carefully and write what you hear.

1. ______________________________
2. ______________________________
3. ______________________________
4. ______________________________
5. ______________________________
6. ______________________________

Nombre ______________________ Fecha ______________________

Workbook

GRAMÁTICA

4.1 The present tense of ir

1 **Identificar** Listen to each sentence and mark the subject of the verb you hear.

modelo

You hear: Van a ver una película.
You mark: *ellos/ellas*

	yo	tú	él/ella	nosotros/as	ellos/ellas
Modelo	___	___	___	___	X
1.	___	___	___	___	___
2.	___	___	___	___	___
3.	___	___	___	___	___
4.	___	___	___	___	___
5.	___	___	___	___	___
6.	___	___	___	___	___

2 **Cambiar** Form a new sentence using the cue you hear as the subject. Repeat the correct answer after the speaker. (*8 items*)

modelo

Ustedes van al Museo Frida Kahlo. (yo)
Yo voy al Museo Frida Kahlo.

3 **Preguntas** Answer each question you hear using the cue. Repeat the correct response after the speaker.

modelo

You hear: ¿Quiénes van a la piscina?
You see: Gustavo y Elisa
You say: Gustavo y Elisa van a la piscina.

1. mis amigos
2. en el Café Tacuba
3. al partido de baloncesto
4. no
5. sí
6. pasear en bicicleta

4 **¡Vamos!** Listen to this conversation. Then read the statements and decide whether they are **cierto** or **falso**.

	Cierto	Falso
1. Claudia va a ir al gimnasio.	❍	❍
2. Claudia necesita comprar una mochila.	❍	❍
3. Sergio va a visitar a su tía.	❍	❍
4. Sergio va al gimnasio a las ocho de la noche.	❍	❍
5. Sergio va a ir al cine a las seis.	❍	❍
6. Claudia y Sergio van a ver una película.	❍	❍

4.2 Stem-changing verbs: e→ie, o→ue

1 **Identificar** Listen to each sentence and write the infinitive form of the verb you hear.

modelo

You hear: No entiendo el problema.
You write: **entender**

1. ______________ 4. ______________ 7. ______________
2. ______________ 5. ______________ 8. ______________
3. ______________ 6. ______________

2 **Preguntas** Answer each question you hear using the cue provided. Repeat the correct response after the speaker.

modelo

You hear: ¿A qué hora comienza el partido?
You see: 2:15 p.m.
You say: **El partido comienza a las dos y cuarto de la tarde.**

1. el jueves
2. no
3. sí
4. sí
5. leer una revista
6. mirar la televisión
7. a las tres
8. Samuel

3 **Diversiones** Look at these listings from the entertainment section in a newspaper. Then listen to the questions and write the answers.

23D

MÚSICA

Palacio de Bellas Artes
Ballet folklórico
Viernes 9, 8:30 p.m.

Bosque de Chapultepec
Concierto de música mexicana
Domingo 11, 1:00 p.m.

MUSEOS

Museo de Arte Moderno
Pinturas de José Clemente Orozco
De martes a domingo, de 10:00 a.m. a 6:00 p.m.
Entrada libre

DEPORTES

Copa Internacional de Fútbol
México vs. Guatemala
Estadio Martín
Viernes 9, 8:30 p.m.

Campeonato de baloncesto
Los Universitarios vs. Los Toros
Gimnasio Municipal
Sábado 10, 7:30 p.m.

Torneo de Golf
con Lee Treviño
Club de Golf Atlas
Domingo 11, 9:00 a.m.

1. ____
2. ____
3. ____
4. ____
5. ____

Workbook

4.3 Stem-changing verbs: e→i

1 **Completar** Listen to this radio broadcast and fill in the missing words.

Este fin de semana los excursionistas ________ (1) más senderos (*trails*). Dicen que ir de ________ (2) a las montañas es una ________ (3) muy popular y ________ (4) que ________ (5) más senderos. Si lo ________ (6), la gente va a ________ (7) muy feliz. Si no, ustedes pueden ________ (8) la historia aquí, en Radio Montaña.

2 **Escoger** Listen to each question and choose the most logical response.

1. a. Normalmente pido tacos. b. Voy al restaurante los lunes.
2. a. Consigo novelas en la biblioteca. b. Compro revistas en el centro.
3. a. Repiten la película el sábado. b. No deseo verla.
4. a. Sigue un programa de baloncesto. b. No, está buceando.
5. a. Nunca (*I never*) pido pizza. b. Nunca pido perdón.
6. a. Prefiere visitar un monumento. b. Prefiere buscarla en la biblioteca.
7. a. ¿Quién fue el primer presidente? b. A las cuatro de la tarde.
8. a. ¡Sí, es muy interesante! b. Sí, mi hermano juega.

3 **Conversación** Listen to the conversation and answer the questions.

1. ¿Qué quiere Paola?

____

2. ¿Por qué repite Paola las palabras?

____

3. ¿Hace Miguel el favor que (*that*) pide Paola?

____

4. ¿Dónde puede conseguir la revista?

____

4.4 Verbs with irregular yo forms

1 **Describir** For each drawing, you will hear two statements. Choose the one that corresponds to the drawing.

1. a. b.

2. a. b.

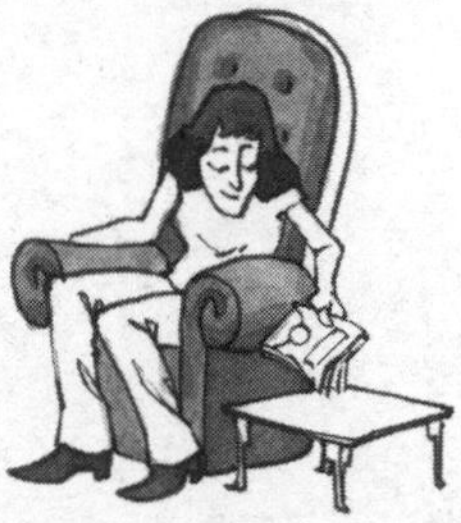

3. a. b.

4. a. b.

2 **Yo también** Listen to the following statements about Roberto and respond by saying that you do the same things. Repeat the correct answer after the speaker. (*5 items*)

modelo

Roberto siempre (*always*) hace ejercicio.
Yo también hago ejercicio.

3 **Completar** Listen to this telephone conversation and complete the statements.

1. Cristina ve ______.
2. Manuel y Ricardo quieren ir al parque para ______.
3. Manuel y Ricardo ______ las pelotas.
4. Manuel ______ la hora porque (*because*) Cristina no ______.
5. Los chicos salen para el parque ______.

Nombre ______________________ Fecha ______________________

PREPARACIÓN

Lección 5

1

Identificar You will hear a series of words. Write the word that does not belong in each series.

1. ______________ 5. ______________
2. ______________ 6. ______________
3. ______________ 7. ______________
4. ______________ 8. ______________

2

Describir For each drawing, you will hear two statements. Choose the one that corresponds to the drawing.

1. a. b.

2. a. b.

3. a. b.

4. a. b.

3

En la agencia de viajes Listen to this conversation between Mr. Vega and a travel agent. Then read the statements and decide whether they are **cierto** or **falso**.

	Cierto	Falso
1. El señor Vega quiere esquiar, pescar y hacer turismo.	❍	❍
2. El señor Vega va a Puerto Rico.	❍	❍
3. El señor Vega quiere ir de vacaciones la primera semana de mayo.	❍	❍
4. Una habitación en Las Tres Palmas cuesta (*costs*) $85.00.	❍	❍
5. El hotel tiene restaurante, piscina y *jacuzzi*.	❍	❍

Nombre ______________________ Fecha ______________________

PRONUNCIACIÓN

Spanish b and v

There is no difference in pronunciation between the Spanish letters **b** and **v**. However, each letter can be pronounced two different ways, depending on which letters appear next to them.

bueno | **v**ólei**b**ol | **b**i**b**lioteca | **v**i**v**ir

B and **v** are pronounced like the English hard *b* when they appear either as the first letter of a word, at the beginning of a phrase, or after **m** or **n**.

bonito | **v**iajar | tam**b**ién | in**v**estigar

In all other positions, **b** and **v** have a softer pronunciation, which has no equivalent in English. Unlike the hard **b**, which is produced by tightly closing the lips and stopping the flow of air, the soft **b** is produced by keeping the lips slightly open.

de**b**er | no**v**io | a**b**ril | cer**v**eza

In both pronunciations, there is no difference in sound between **b** and **v**. The English *v* sound, produced by friction between the upper teeth and lower lip, does not exist in Spanish. Instead, the soft **b** comes from friction between the two lips.

bola | **v**ela | Cari**b**e | decli**v**e

When **b** or **v** begins a word, its pronunciation depends on the previous word. At the beginning of a phrase or after a word that ends in **m** or **n**, it is pronounced as a hard **b**.

Verónica y su esposo cantan‿**b**oleros.

Words that begin with **b** or **v** are pronounced with a soft **b** if they appear immediately after a word that ends in a vowel or any consonant other than **m** or **n**.

Benito es de‿**B**oquerón pero‿**v**ive en‿**V**ictoria.

1

Práctica Repeat these words after the speaker to practice the **b** and the **v**.

1. hablamos
2. trabajar
3. botones
4. van
5. contabilidad
6. bien
7. doble
8. novia
9. béisbol
10. cabaña
11. llave
12. invierno

2

Oraciones When you hear the number, read the corresponding sentence aloud, focusing on the **b** and **v** sounds. Then listen to the speaker and repeat the sentence.

1. Vamos a Guaynabo en autobús.
2. Voy de vacaciones a la isla Culebra.
3. Tengo una habitación individual en el octavo piso.
4. Víctor y Eva van por avión al Caribe.
5. La planta baja es bonita también.
6. ¿Qué vamos a ver en Bayamón?
7. Beatriz, la novia de Víctor, es de Arecibo, Puerto Rico.

3

Refranes Repeat each saying after the speaker to practice the **b** and the **v.**

1. No hay mal que por bien no venga.
2. Hombre prevenido vale por dos.

4

Dictado You will hear four sentences. Each will be said twice. Listen carefully and write what you hear.

1. ______________________________
2. ______________________________
3. ______________________________
4. ______________________________

GRAMÁTICA

5.1 Estar with conditions and emotions

1 **Describir** For each drawing, you will hear two statements. Choose the one that corresponds to the drawing.

1. a. b.

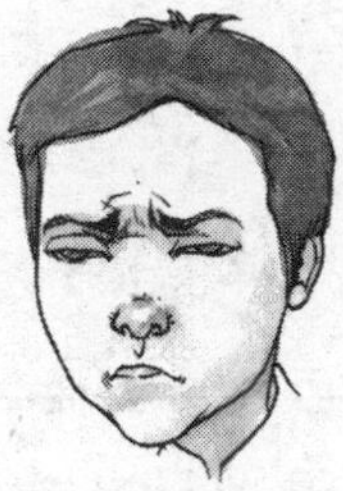

2. a. b.

3. a. b.

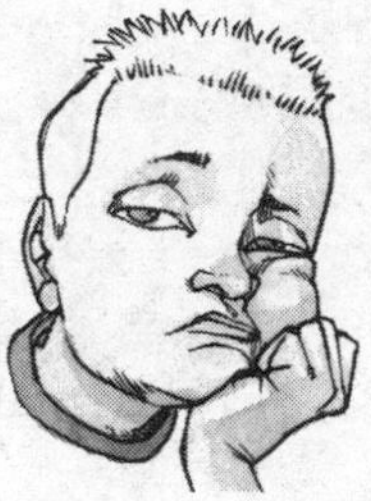

4. a. b.

2 **Cambiar** Form a new sentence using the cue you hear as the subject. Repeat the correct answer after the speaker. (*5 items*)

modelo

Rubén está enojado con Patricia. (mamá)
Mamá *está enojada con* Patricia.

3 **Preguntas** Answer each question you hear using the cues provided. Repeat the correct response after the speaker.

modelo

You hear: ¿Está triste Tomás?
You see: no / contento/a
You say: No, Tomás *está contento.*

1. no / abierto/a
2. sí
3. su hermano
4. no / ordenado/a
5. no / sucio/a
6. estar de vacaciones

4 **Situaciones** You will hear four brief conversations. Choose the statement that expresses how the people feel in each situation.

1. a. Ricardo está nervioso. b. Ricardo está cansado.
2. a. La señora Fuentes está contenta. b. La señora Fuentes está preocupada.
3. a. Eugenio está aburrido. b. Eugenio está avergonzado.
4. a. Rosario y Alonso están equivocados. b. Rosario y Alonso están enojados.

5.2 The present progressive

1

Escoger Listen to what these people are doing. Then read the statements provided and choose the appropriate description.

1. a. Es profesor. b. Es estudiante.
2. a. Es botones. b. Es inspector de aduanas.
3. a. Eres artista. b. Eres huésped.
4. a. Son jugadoras de fútbol. b. Son programadoras.
5. a. Es ingeniero. b. Es botones.
6. a. Son turistas. b. Son empleados.

2

Transformar Change each sentence from the present tense to the present progressive. Repeat the correct answer after the speaker. (*6 items*)

modelo

Adriana confirma su reservación.

Adriana está confirmando su reservación.

3

Preguntas Answer each question you hear using the cue provided and the present progressive. Repeat the correct response after the speaker.

modelo

You hear: ¿Qué hacen ellos?

You see: acampar

You say: Ellos están acampando.

1. hacer las maletas
2. pescar en el mar
3. dormir
4. correr en el parque
5. hablar con el botones
6. comer en el café

4

Describir You will hear some questions. Look at the drawing and respond to each question. Repeat the correct answer after the speaker. (*6 items*)

5.3 Comparing ser and estar

1 **Escoger** You will hear some questions with a beep in place of the verb. Decide which form of **ser** or **estar** should complete each question and select it.

modelo

You hear: ¿Cómo *(beep)*?
You select: ***estás*** because the question is ***¿Cómo estás?***

1. es	está	4. Es	Está
2. Son	Están	5. Es	Está
3. Es	Está	6. Es	Está

2 **¿Cómo es?** You just met Rosa Beltrán at a party. Describe her to a friend by using **ser** or **estar** with the cues you hear. Repeat the correct response after the speaker. (*6 items*)

modelo

muy amable
Rosa es muy amable.

3 **¿Ser o estar?** You will hear the subject of a sentence. Complete the sentence using a form of **ser** or **estar** and the cue provided. Repeat the correct response after the speaker.

modelo

You hear: papá
You see: en San Juan
You say: ***Papá está en San Juan.***

1. inspector de aduanas	3. a las diez	5. el 14 de febrero
2. la estación del tren	4. ocupados	6. corriendo a clase

4 **¿Lógico o no?** You will hear some statements. Decide if they are **lógico** or **ilógico**.

1. Lógico	Ilógico	4. Lógico	Ilógico
2. Lógico	Ilógico	5. Lógico	Ilógico
3. Lógico	Ilógico	6. Lógico	Ilógico

5 **Ponce** Listen to Carolina's description of her vacation and answer the questions.

1. ¿Dónde está Ponce?

____

2. ¿Qué tiempo hace?

____

3. ¿Qué es el Parque de Bombas?

____

4. ¿Qué día es hoy?

____

5. ¿Por qué no va al Parque de Bombas hoy?

____

5.4 Direct object nouns and pronouns

1 **Escoger** Listen to each question and choose the most logical response.

1. a. Sí, voy a comprarlo.
   b. No, no voy a comprarla.
2. a. Joaquín lo tiene.
   b. Joaquín la tiene.
3. a. Sí, los puedo llevar.
   b. No, no te puedo llevar.
4. a. Irene los tiene.
   b. Irene las tiene.
5. a. Sí, te llevamos al partido.
   b. Sí, nos llevas al partido.
6. a. No, vamos a hacerlo mañana.
   b. No, vamos a hacerla mañana.
7. a. Va a conseguirlos mañana.
   b. Va a conseguirlas mañana.
8. a. Pienso visitarla el fin de semana.
   b. Pienso visitarte el fin de semana.

2 **Cambiar** Restate each sentence you hear using a direct object pronoun. Repeat the correct answer after the speaker. (*6 items*)

modelo

Isabel está mirando la televisión.
Isabel está mirándola.

Isabel está mirando la televisión... con Diego.

3 **No veo nada** You just broke your glasses and now you can't see anything. Respond to each statement using a direct object pronoun. Repeat the correct answer after the speaker. (*6 items*)

modelo

Allí (*There*) está el Museo de Arte e Historia.
¿Dónde? No lo veo.

4 **Preguntas** Answer each question you hear in the negative. Repeat the correct response after the speaker. (*6 items*)

modelo

¿Haces la excursión a El Yunque?
No, no la hago.

Nombre _______________ Fecha _______________

PREPARACIÓN

Lección 6

1 **¿Lógico o ilógico?** Listen to each statement and indicate if it is **lógico** or **ilógico**.

1. Lógico Ilógico
2. Lógico Ilógico
3. Lógico Ilógico
4. Lógico Ilógico
5. Lógico Ilógico
6. Lógico Ilógico
7. Lógico Ilógico
8. Lógico Ilógico

2 **Escoger** Listen as each person talks about the clothing he or she needs to buy. Then choose the activity for which the clothing would be appropriate.

1. a. ir a la playa b. ir al cine
2. a. jugar al golf b. buscar trabajo (*work*)
3. a. salir a bailar b. ir a la montaña
4. a. montar a caballo b. bucear
5. a. jugar al vóleibol b. comer en un restaurante elegante
6. a. hacer un viaje b. patinar en línea

3 **Preguntas** Respond to each question saying that the opposite is true. Repeat the correct answer after the speaker. (6 *items*)

modelo

Las sandalias cuestan mucho, ¿no?

No, las sandalias cuestan poco.

4 **Describir** You will hear some questions. Look at the drawing and write the answer to each question.

1. _______________
2. _______________
3. _______________
4. _______________

PRONUNCIACIÓN

The consonants d and t

Like **b** and **v**, the Spanish **d** can have a hard sound or a soft sound, depending on which letters appear next to it.

¿**D**ón**d**e? ven**d**er na**d**ar ver**d**a**d**

At the beginning of a phrase and after **n** or **l**, the letter **d** is pronounced with a hard sound. This sound is similar to the English *d* in *dog*, but a little softer and duller. The tongue should touch the back of the upper teeth, not the roof of the mouth.

Don **d**inero tien**d**a fal**d**a

In all other positions, **d** has a soft sound. It is similar to the English *th* in *there*, but a little softer.

me**d**ias ver**d**e vesti**d**o huésped**d**

When **d** begins a word, its pronunciation depends on the previous word. At the beginning of a phrase or after a word that ends in **n** or **l**, it is pronounced as a hard **d**.

Don **D**iego no tiene el **d**iccionario.

Words that begin with **d** are pronounced with a soft **d** if they appear immediately after a word that ends in a vowel or any consonant other than **n** or **l**.

Doña **D**olores es **d**e la capital.

When pronouncing the Spanish **t**, the tongue should touch the back of the upper teeth, not the roof of the mouth. In contrast to the English *t*, no air is expelled from the mouth.

traje pan**t**alones **t**arje**t**a **t**ienda

1 **Práctica** Repeat each phrase after the speaker to practice the **d** and the **t**.

1. Hasta pronto.
2. De nada.
3. Mucho gusto.
4. Lo siento.
5. No hay de qué.
6. ¿De dónde es usted?
7. ¡Todos a bordo!
8. No puedo.
9. Es estupendo.
10. No tengo computadora.
11. ¿Cuándo vienen?
12. Son las tres y media.

2 **Oraciones** When you hear the number, read the corresponding sentence aloud, focusing on the **d** and **t** sounds. Then listen to the speaker and repeat the sentence.

1. Don Teodoro tiene una tienda en un almacén en La Habana.
2. Don Teodoro vende muchos trajes, vestidos y zapatos todos los días.
3. Un día un turista, Federico Machado, entra en la tienda para comprar un par de botas.
4. Federico regatea con don Teodoro y compra las botas y también un par de sandalias.

3 **Refranes** Repeat each saying after the speaker to practice the **d** and the **t**.

1. En la variedad está el gusto.
2. Aunque la mona se vista de seda, mona se queda.

4 **Dictado** You will hear four sentences. Each will be said twice. Listen carefully and write what you hear.

1. ____
2. ____
3. ____
4. ____

GRAMÁTICA

6.1 Numbers 101 and higher

1 **¿Cierto o falso?** Your friend Ana won the lottery and with that money she is buying presents for her friends and family. Look at the figures in the chart and listen to each statement. Then indicate whether each statement is **cierto** or **falso**.

Nombre	Comprar	Precio (en bolívares*)
mamá y papá	casa	3.351.250
hermano	auto	27.850
tía Tere	abrigo	13.405
abuelos	barco	56.749
José Luis	10 trajes	12.622
Cecilia	viaje al Caribe	8.967
Sergio	motocicleta	9.831
Laura	caballo	14.294
niños pobres del barrio	ropa y zapatos	39.997
	TOTAL	**3.534.965**

	Cierto	Falso
1.	❍	❍
2.	❍	❍
3.	❍	❍
4.	❍	❍
5.	❍	❍
6.	❍	❍

***bolívar** = Venezuelan currency

2 **Dictado** Listen carefully and write each number as numerals rather than words.

1. ____________
2. ____________
3. ____________
4. ____________
5. ____________
6. ____________
7. ____________
8. ____________
9. ____________

3 **Preguntas** Answer each question you hear using the cue. Repeat the correct response after the speaker.

modelo

You hear: ¿Cuántas personas hay en Bolivia?
You see: 10.290.000
You say: Hay diez millones, doscientos noventa mil personas en Bolivia.

1. 800
2. 356
3. 1.284
4. 711
5. 172
6. unos 43.000

4 **Un anuncio** Listen to this radio advertisement and write the prices for each item listed. Then figure out what the total cost for the trip would be.

Pasaje de avión: ______________________________

Barco: ______________________________

Excursiones: ______________________________

TOTAL: ______________________________

6.2 The preterite tense of regular verbs

1

Identificar Listen to each sentence and decide whether the verb is in the present or the preterite tense. Mark the appropriate column.

modelo

You hear: Alejandro llevó un suéter marrón (*brown*).
You mark: Preterite

	Present	*Preterite*
Modelo	______	X
1.	______	______
2.	______	______
3.	______	______
4.	______	______
5.	______	______
6.	______	______
7.	______	______
8.	______	______

2

Cambiar Change each sentence from the present to the preterite. Repeat the correct answer after the speaker. (*8 items*)

modelo

Compro unas sandalias baratas.
Compré unas sandalias baratas.

3

Preguntas Answer each question you hear using the cue provided. Repeat the correct response after the speaker.

modelo

You hear: ¿Dónde conseguiste tus botas?
You see: en la tienda Lacayo
You say: *Conseguí mis botas en la tienda Lacayo.*

1. $26,00 2. ayer 3. Marta 4. no 5. no 6. no

4

¿Estás listo? Listen to this conversation between Matilde and Hernán. Make a list of the tasks Hernán has already done in preparation for his trip and a list of the tasks he still needs to do.

Tareas completadas	**Tareas que necesita hacer**
______	______
______	______
______	______
______	______
______	______

6.3 Indirect object pronouns

1 **Escoger** Listen to each question and choose the most logical response.

1. a. Sí, le mostré el abrigo.
   b. Sí, me mostró el abrigo.
2. a. No, no le presté el suéter azul.
   b. No, no te prestó el suéter azul.
3. a. Voy a comprarles ropa interior.
   b. Vamos a comprarle ropa interior.
4. a. Sí, está preguntándoles el precio.
   b. Sí, está preguntándole el precio.
5. a. Nos costaron veinte dólares.
   b. Les costaron veinte dólares.
6. a. Sí, nos puede traer un sombrero.
   b. Sí, te puedo traer un sombrero.

2 **Identificar** Listen to each sentence and mark the column for the subject of the verb.

modelo

You hear: ¿Me das dinero para ir de compras?
You mark: tú

	yo	tú	él/ella	nosotros/as	ellos/ellas
Modelo	______	X	______	______	______
1.	______	______	______	______	______
2.	______	______	______	______	______
3.	______	______	______	______	______
4.	______	______	______	______	______
5.	______	______	______	______	______
6.	______	______	______	______	______

3 **En el centro comercial** Listen to this conversation and answer the questions.

1. ¿Cuánto le costó a Norma su vestido?
____
2. ¿A quién le quiere dar un vestido Patricia?
____
3. ¿Le da Norma muchos regalos a su hermana?
____
4. ¿Dónde compró el vestido Norma?
____
5. ¿Qué le dice la dependienta a Norma?
____

6.4 Demonstrative adjectives and pronouns

1

En el mercado A group of tourists is shopping at an open-air market. Listen to what they say, and mark the demonstrative adjective you hear.

modelo

You hear: Me gusta mucho esa bolsa.
You mark: that

	this	that	these	those
Modelo	____	X	____	____
1.	____	____	____	____
2.	____	____	____	____
3.	____	____	____	____
4.	____	____	____	____

2

Cambiar Form a new sentence using the cue you hear. Repeat the correct answer after the speaker. (*6 items*)

modelo

Quiero este suéter. (chaqueta)
Quiero esta chaqueta.

3

Transformar Form a new sentence using the cue you hear. Repeat the correct answer after the speaker. (*6 items*)

modelo

Aquel abrigo es muy hermoso. (corbatas)
Aquellas corbatas son muy hermosas.

4

Preguntas Answer each question you hear in the negative using a form of the demonstrative pronoun **ése**. Repeat the correct response after the speaker. (*8 items*)

modelo

¿Quieres esta blusa?
No, no quiero ésa.

5

De compras Listen to this conversation. Then read the statements and decide whether they are **cierto** or **falso**.

	Cierto	Falso
1. Flor quiere ir al almacén Don Guapo.	❍	❍
2. Enrique trabaja en el almacén Don Guapo.	❍	❍
3. Enrique no trabaja en el centro comercial.	❍	❍
4. Van al almacén que está al lado del Hotel Plaza.	❍	❍

Nombre ______________________ Fecha ______________________

PREPARACIÓN

Lección 7

1 **Describir** For each drawing, you will hear two statements. Choose the one that corresponds to the drawing.

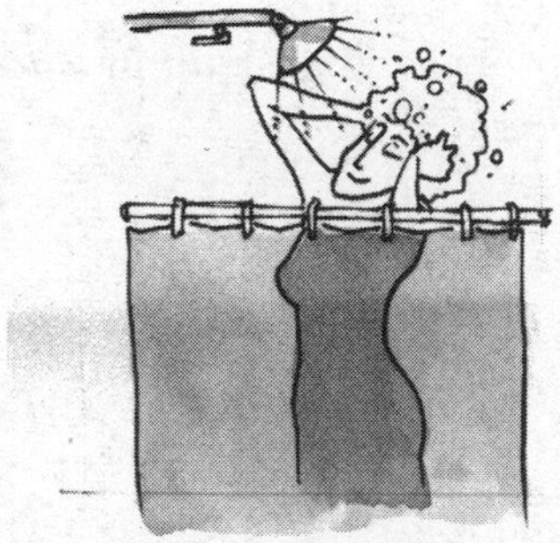

1. a. b.

2. a. b.

3. a. b.

4. a. b.

2 **Preguntas** Clara is going to baby-sit your nephew. Answer her questions about your nephew's daily routine using the cues provided. Repeat the correct response after the speaker.

modelo

You hear: ¿A qué hora va a la escuela?
You see: 8:30 a.m.
You say: ***Va a la escuela a las ocho y media de la mañana.***

1. 7:00 a.m.
2. se lava la cara
3. por la noche
4. champú para niños
5. 9:00 p.m.
6. después de comer

3 **Entrevista** Listen to this interview. Then read the statements and decide whether they are **cierto** or **falso**.

	Cierto	Falso
1. Sergio Santos es jugador de fútbol.	❍	❍
2. Sergio se levanta a las 5:00 a.m.	❍	❍
3. Sergio se ducha por la mañana y por la noche.	❍	❍
4. Sergio se acuesta a las 11:00 p.m.	❍	❍

Nombre ____________________ Fecha ____________________

PRONUNCIACIÓN

The consonant r

In Spanish, **r** has a strong trilled sound at the beginning of a word. No English words have a trill, but English speakers often produce a trill when they imitate the sound of a motor.

ropa	**r**utina	**r**ico	**R**amón

In any other position, **r** has a weak sound similar to the English *tt* in *better* or the English *dd* in *ladder*. In contrast to English, the tongue touches the roof of the mouth behind the teeth.

gusta**r**	du**r**ante	p**r**ime**r**o	c**r**ema

The letter combination **rr**, which only appears between vowels, always has a strong trilled sound.

piza**rr**a	co**rr**o	ma**rr**ón	abu**rr**ido

Between vowels, the difference between the strong trilled **rr** and the weak **r** is very important, as a mispronunciation could lead to confusion between two different words.

ca**r**o	ca**rr**o	pe**r**o	pe**rr**o

1 **Práctica** Repeat each word after the speaker to practice the **r** and the **rr**.

1. Perú
2. Rosa
3. borrador
4. madre
5. comprar
6. favor
7. rubio
8. reloj
9. Arequipa
10. tarde
11. cerrar
12. despertador

2 **Oraciones** When you hear the number, read the corresponding sentence aloud, focusing on the **r** and **rr** sounds. Then listen to the speaker and repeat the sentence.

1. Ramón Robles Ruiz es programador. Su esposa Rosaura es artista.
2. A Rosaura Robles le encanta regatear en el mercado.
3. Ramón nunca regatea… le aburre regatear.
4. Rosaura siempre compra cosas baratas.
5. Ramón no es rico pero prefiere comprar cosas muy caras.
6. ¡El martes Ramón compró un carro nuevo!

3 **Refranes** Repeat each saying after the speaker to practice the **r** and the **rr**.

1. Perro que ladra no muerde.
2. No se ganó Zamora en una hora.

4 **Dictado** You will hear seven sentences. Each will be said twice. Listen carefully and write what you hear.

1. ______________________________
2. ______________________________
3. ______________________________
4. ______________________________
5. ______________________________
6. ______________________________
7. ______________________________

GRAMÁTICA

7.1 Reflexive verbs

1 **Describir** For each drawing, you will hear two statements. Choose the one that corresponds to the drawing.

1. a. b.

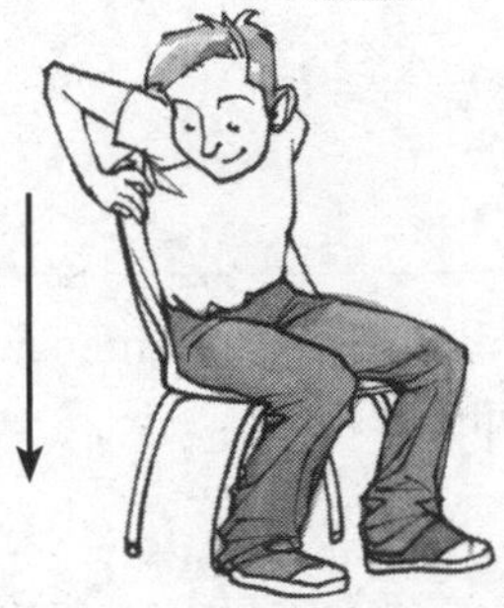

2. a. b.

3. a. b.

4. a. b.

2 **Preguntas** Answer each question you hear in the affirmative. Repeat the correct response after the speaker. (*7 items*)

modelo

¿Se levantó temprano Rosa?
Sí, Rosa se levantó temprano.

3 **¡Esto fue el colmo** (*the last straw*)**!** Listen as Julia describes what happened in her dorm yesterday. Then choose the correct ending for each statement.

1. Julia se ducha en cinco minutos porque (*because*)...
   a. siempre se levanta tarde. b. las chicas de su piso comparten un baño.
2. Ayer la chica nueva...
   a. se quedó dos horas en el baño. b. se preocupó por Julia.
3. Cuando salió, la chica nueva...
   a. se enojó mucho. b. se sintió (*felt*) avergonzada.

Nombre Fecha

7.2 Indefinite and negative words

1 **¿Lógico o ilógico?** You will hear some questions and the responses. Decide if they are **lógico** or **ilógico**.

	Lógico	Ilógico		Lógico	Ilógico
1.	❍	❍	5.	❍	❍
2.	❍	❍	6.	❍	❍
3.	❍	❍	7.	❍	❍
4.	❍	❍	8.	❍	❍

2 **¿Pero o sino?** You will hear some sentences with a beep in place of a word. Decide if **pero** or **sino** should complete each sentence.

modelo

You hear: Ellos no viven en Lima *(beep)* en Arequipa.
You select: sino because the sentence is *Ellos no viven en Lima sino en Arequipa.*

1.	pero	sino	5.	pero	sino
2.	pero	sino	6.	pero	sino
3.	pero	sino	7.	pero	sino
4.	pero	sino	8.	pero	sino

3 **Transformar** Change each sentence you hear to say the opposite is true. Repeat the correct answer after the speaker. (*6 items*)

modelo

Nadie se ducha ahora.
Alguien se ducha ahora.

4 **Preguntas** Answer each question you hear in the negative. Repeat the correct response after the speaker. (*6 items*)

modelo

¿Qué estás haciendo?
No estoy haciendo nada.

5 **Entre amigos** Listen to this conversation between Felipe and Mercedes. Then decide whether the statements are **cierto** or **falso**.

	Cierto	Falso
1. No hay nadie en la residencia.	❍	❍
2. Mercedes quiere ir al Centro Estudiantil.	❍	❍
3. Felipe tiene un amigo peruano.	❍	❍
4. Mercedes no visitó ni Machu Picchu ni Cuzco.	❍	❍
5. Felipe nunca visitó el Perú.	❍	❍
6. Mercedes no quiere volver jamás al Perú.	❍	❍

7.3 Preterite of ser and ir

1 **Escoger** Listen to each sentence and indicate whether the verb is a form of **ser** or **ir**.

1.	ser	ir	5.	ser	ir
2.	ser	ir	6.	ser	ir
3.	ser	ir	7.	ser	ir
4.	ser	ir	8.	ser	ir

2 **Cambiar** Change each sentence from the present to the preterite. Repeat the correct answer after the speaker. (*8 items*)

modelo

Ustedes van en avión.

Ustedes fueron en avión.

3 **Preguntas** Answer each question you hear using the cue provided. Repeat the correct response after the speaker.

modelo

You hear: ¿Quién fue tu profesor de química?

You see: el señor Ortega

You say: *El señor Ortega fue mi profesor de química.*

1. al mercado al aire libre
2. muy buenas
3. no
4. fabulosa
5. al parque
6. difícil

4 **¿Qué hicieron** (*did they do*) **anoche?** Listen to this telephone conversation and answer the questions.

1. ¿Adónde fue Carlos anoche?

____

2. ¿Fue un buen partido? ¿Por qué?

____

3. ¿Adónde fueron Katarina y Esteban anoche?

____

4. Y Esteban, ¿qué hizo (*did he do*) durante la película?

____

7.4 Gustar and verbs like gustar

1 **Escoger** Listen to each question and choose the most logical response.

1. a. Sí, me gusta. b. Sí, te gusta.
2. a. No, no le interesa. b. No, no le interesan.
3. a. Sí, les molestan mucho. b. No, no les molesta mucho.
4. a. No, no nos importa. b. No, no les importa.
5. a. Sí, le falta. b. Sí, me falta.
6. a. Sí, les fascina. b. No, no les fascinan.

2 **Cambiar** Form a new sentence using the cue you hear. Repeat the correct answer after the speaker. (*6 items*)

modelo

A ellos les interesan los deportes. (a Ricardo)
A Ricardo le interesan los deportes.

3 **Preguntas** Answer each question you hear using the cue. Repeat the correct response after the speaker.

modelo

You hear: ¿Qué te encanta hacer?
You see: patinar en línea
You say: **Me encanta patinar en línea.**

1. la familia y los amigos
2. sí
3. las computadoras
4. $2,00
5. el baloncesto y el béisbol
6. no
7. no / nada
8. sí

4 **Preferencias** Listen to this conversation. Then fill in the chart with Eduardo's preferences and answer the question.

Le gusta	No le gusta

¿Qué van a hacer los chicos esta tarde? ____________________

PREPARACIÓN

Lección 8

1 **Identificar** Listen to each question and mark the appropriate category.

modelo

You hear: ¿Qué es la piña?
You mark: fruta

	carne	pescado	verdura	fruta	bebida
Modelo	___	___	___	X	___
1.	___	___	___	___	___
2.	___	___	___	___	___
3.	___	___	___	___	___
4.	___	___	___	___	___
5.	___	___	___	___	___
6.	___	___	___	___	___
7.	___	___	___	___	___
8.	___	___	___	___	___

2 **Describir** Listen to each sentence and write the number of the sentence below the drawing of the food or drink mentioned.

a. _______________

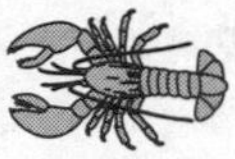

b. _______________

c. _______________

d. _______________

e. _______________

f. _______________

g. _______________

h. _______________

i. _______________

3 **En el restaurante** You will hear a couple ordering a meal in a restaurant. Write the items they order in the appropriate categories.

	SEÑORA	SEÑOR
Primer plato		
Plato principal		
Verdura		
Bebida		

Nombre ____________________ Fecha ____________________

PRONUNCIACIÓN

ll, ñ, c, and z

Most Spanish speakers pronounce the letter **ll** like the *y* in *yes.*

po**ll**o **ll**ave e**ll**a cebo**ll**a

The letter **ñ** is pronounced much like the *ny* in *canyon.*

ma**ñ**ana se**ñ**or ba**ñ**o ni**ñ**a

Before **a, o,** or **u,** the Spanish **c** is pronounced like the *c* in *car.*

café **c**olombiano **c**uando ri**c**o

Before **e** or **i,** the Spanish **c** is pronounced like the *s* in *sit.* In parts of Spain, **c** before **e** or **i** is pronounced like the *th* in *think.*

cereales deli**ci**oso condu**ci**r cono**ce**r

The Spanish **z** is pronounced like the *s* in *sit.* In parts of Spain, **z** before a vowel is pronounced like the *th* in *think.*

zeta **z**anahoria almuer**z**o cerve**z**a

1 **Práctica** Repeat each word after the speaker to practice pronouncing **ll**, **ñ**, **c**, and **z**.

1. mantequilla
2. cuñado
3. aceite
4. manzana
5. español
6. cepillo
7. zapato
8. azúcar
9. quince
10. compañera
11. almorzar
12. calle

2 **Oraciones** When the speaker pauses, repeat the corresponding sentence or phrase, focusing on **ll**, **ñ**, **c**, and **z**.

1. Mi compañero de cuarto se llama Toño Núñez. Su familia es de la Ciudad de Guatemala y de Quetzaltenango.
2. Dice que la comida de su mamá es deliciosa, especialmente su pollo al champiñón y sus tortillas de maíz.
3. Creo que Toño tiene razón porque hoy cené en su casa y quiero volver mañana para cenar allí otra vez.

3 **Refranes** Repeat each saying after the speaker to practice pronouncing **ll**, **ñ**, **c**, and **z**.

1. Las apariencias engañan.
2. Panza llena, corazón contento.

4 **Dictado** You will hear five sentences. Each will be said twice. Listen carefully and write what you hear.

1. ____
2. ____
3. ____
4. ____
5. ____

Nombre ______________________ Fecha ______________________

GRAMÁTICA

8.1 Preterite of stem-changing verbs

1 **Identificar** Listen to each sentence and decide whether the verb is in the present or the preterite tense. Mark the appropriate column.

modelo

You hear: Pido bistec con (*with*) papas fritas.
You mark: Present

	Present	Preterite
Modelo	x	
1.		
2.		
3.		
4.		
5.		
6.		
7.		
8.		

2 **Cambiar** Change each sentence you hear substituting the new subject given. Repeat the correct response after the speaker. (*6 items*)

modelo

Tú no dormiste bien anoche. (los niños)
Los niños no durmieron bien anoche.

3 **Preguntas** Answer each question you hear using the cue provided. Repeat the correct response after the speaker.

modelo

You hear: ¿Qué pediste?
You see: pavo asado con papas y arvejas
You say: Pedí pavo asado con papas y arvejas.

1. sí
2. no
3. leche
4. sí
5. no
6. la semana pasada

4 **Un día largo** Listen as Ernesto describes what he did yesterday. Then read the statements and decide whether they are **cierto** or **falso**.

	Cierto	Falso
1. Ernesto se levantó a las seis y media de la mañana.	❍	❍
2. Se bañó y se vistió.	❍	❍
3. Los clientes empezaron a llegar a la una.	❍	❍
4. Almorzó temprano.	❍	❍
5. Pidió pollo asado con papas.	❍	❍
6. Después de almorzar, Ernesto y su primo siguieron trabajando.	❍	❍

8.2 Double object pronouns

1 **Escoger** The manager of **El Gran Pavo** Restaurant wants to know what items the chef is going to serve to the customers today. Listen to each question and choose the correct response.

1. a. Sí, se las voy a servir. b. No, no se los voy a servir.
2. a. Sí, se la voy a servir. b. No, no se lo voy a servir.
3. a. Sí, se los voy a servir. b. No, no se las voy a servir.
4. a. Sí, se la voy a servir. b. No, no se las voy a servir.
5. a. Sí, se la voy a servir. b. No, no se lo voy a servir.
6. a. Sí, se lo voy a servir. b. No, no se los voy a servir.

2 **Cambiar** Repeat each statement, replacing the direct object noun with a pronoun. (*6 items*)

modelo

María te hace ensalada.
María te la hace.

3 **Preguntas** Answer each question using the cue you hear and object pronouns. Repeat the correct response after the speaker. (*5 items*)

modelo

¿Me recomienda usted los mariscos? (sí)
Sí, se los recomiendo.

4 **Una fiesta** Listen to this conversation between Eva and Marcela. Then read the statements and decide whether they are **cierto** or **falso**.

	Cierto	Falso
1. Le van a hacer una fiesta a Sebastián.	❍	❍
2. Le van a preparar langosta.	❍	❍
3. Le van a preparar una ensalada de mariscos.	❍	❍
4. Van a tener vino tinto, cerveza, agua mineral y té helado.	❍	❍
5. Clara va a comprar cerveza.	❍	❍
6. Le compraron un cinturón.	❍	❍

Nombre _______________ Fecha _______________

8.3 Saber and conocer

1 **¿Saber o conocer?** You will hear some sentences with a beep in place of the verb. Decide which form of **saber** or **conocer** should complete each sentence and select it.

modelo

You hear: *(Beep)* cantar.
You select: *Sé* because the sentence is *Sé cantar.*

1. Sé	Conozco	3. Sabemos	Conocemos	5. Sé	Conozco
2. Saben	Conocen	4. Sé	Conozco	6. Sabes	Conoces

2 **Cambiar** Listen to the following statements and say that you do the same activities. Repeat the correct answer after the speaker. (*5 items*)

modelo

Julia sabe nadar.
Yo también sé nadar.

3 **Preguntas** Answer each question using the cue you hear. Repeat the correct response after the speaker. (*6 items*)

modelo

¿Conocen tus padres Antigua? (sí)
Sí, mis padres conocen Antigua.

4 **Mi compañera de cuarto** Listen as Jennifer describes her roommate. Then read the statements and decide whether they are **cierto** or **falso**.

	Cierto	Falso
1. Jennifer conoció a Laura en la escuela primaria.	❍	❍
2. Laura sabe hacer muchas cosas.	❍	❍
3. Laura sabe hablar alemán.	❍	❍
4. Laura sabe preparar comida mexicana.	❍	❍
5. Laura sabe patinar en línea.	❍	❍
6. Laura conoce a algunos muchachos simpáticos.	❍	❍

5 **La mejor comida** Listen to this conversation between Jorge and Rosalía. Then choose the correct answers to the questions.

1. ¿Por qué conoce Jorge muchos restaurantes?
   a. Es aficionado a los restaurantes.
   b. Él es camarero.
2. ¿Qué piensa Rosalía de la buena comida?
   a. Piensa que la gente no necesita ir a un restaurante para comer bien.
   b. Piensa que la gente encuentra la mejor comida en un restaurante.
3. ¿Dónde están Jorge y Rosalía?
   a. Están en la universidad.
   b. Están trabajando.
4. ¿Sabe Rosalía dónde está el restaurante?
   a. Sí, lo sabe.
   b. No lo conoce.

8.4 Comparatives and superlatives

1

Escoger You will hear a series of descriptions. Choose the statement that expresses the correct comparison.

1. a. Yo tengo más dinero que Rafael.
   b. Yo tengo menos dinero que Rafael.
2. a. Elena es mayor que Juan.
   b. Elena es menor que Juan.
3. a. Enrique come más hamburguesas que José.
   b. Enrique come tantas hamburguesas como José.
4. a. La comida de La Fonda es mejor que la comida del Café Condesa.
   b. La comida de La Fonda es peor que la comida del Café Condesa.
5. a. Las langostas cuestan tanto como los camarones.
   b. Los camarones cuestan menos que las langostas.
6. a. El pavo es más caro que la salchicha.
   b. La salchicha cuesta más que el pavo.

2

Comparar Look at each drawing and answer the question you hear with a comparative statement. Repeat the correct response after the speaker.

1.

Ricardo Sara

2.

Héctor Alejandro

3.

Leonor Melisa

3

Cambiar You are babysitting Anita, a small child, who starts boasting about herself and her family. Respond to each statement using a comparative of equality. Then repeat the correct answer after the speaker. (*6 items*)

modelo

Mi mamá es más bonita que tu mamá.
Mi mamá es tan bonita como tu mamá.

4

Preguntas Answer each question you hear using the absolute superlative. Repeat the correct response after the speaker. (*6 items*)

modelo

La comida de la cafetería es mala, ¿no?
Sí, es malísima.

Nombre ______________________ Fecha ______________________

PREPARACIÓN

Lección 9

1 **¿Lógico o ilógico?** You will hear some statements. Decide if they are **lógico** or **ilógico.**

1. Lógico	Ilógico	5. Lógico	Ilógico
2. Lógico	Ilógico	6. Lógico	Ilógico
3. Lógico	Ilógico	7. Lógico	Ilógico
4. Lógico	Ilógico	8. Lógico	Ilógico

2 **Escoger** For each drawing, you will hear three statements. Choose the one that corresponds to the drawing.

1. a. b. c.

2. a. b. c.

3. a. b. c.

4. a. b. c.

3 **Una celebración** Listen as señora Jiménez talks about a party she has planned. Then answer the questions.

1. ¿Para quién es la fiesta?

____

2. ¿Cuándo es la fiesta?

____

3. ¿Por qué hacen la fiesta?

____

4. ¿Quiénes van a la fiesta?

____

5. ¿Qué van a hacer los invitados en la fiesta?

____

Nombre ____________________ Fecha ____________________

PRONUNCIACIÓN

The letters h, j, and g

The Spanish **h** is always silent.

helado	**h**ombre	**h**ola	**h**ermosa

The letter **j** is pronounced much like the English *h* in *his*.

José	**j**ubilarse	de**j**ar	pare**j**a

The letter **g** can be pronounced three different ways. Before **e** or **i**, the letter **g** is pronounced much like the English *h*.

a**g**encia	**g**eneral	**G**il	**G**isela

At the beginning of a phrase or after the letter **n**, the Spanish **g** is pronounced like the English *g* in *girl*.

Gustavo, **g**racias por llamar el domin**g**o.

In any other position, the Spanish **g** has a somewhat softer sound.

Me **g**radué en a**g**osto.

In the combinations **gue** and **gui,** the **g** has a hard sound and the **u** is silent. In the combination **gua,** the **g** has a hard sound and the **u** is pronounced like the English *w*.

guerra	conse**gui**r	**gua**ntes	a**gua**

1 **Práctica** Repeat each word after the speaker to practice pronouncing **h, j,** and **g.**

1. hamburguesa	4. guapa	7. espejo	10. gracias	13. Jorge
2. jugar	5. geografía	8. hago	11. hijo	14. tengo
3. oreja	6. magnífico	9. seguir	12. galleta	15. ahora

2 **Oraciones** When you hear the number, read the corresponding sentence aloud. Then listen to the speaker and repeat the sentence.

1. Hola. Me llamo Gustavo Hinojosa Lugones y vivo en Santiago de Chile.
2. Tengo una familia grande; somos tres hermanos y tres hermanas.
3. Voy a graduarme en mayo.
4. Para celebrar mi graduación mis padres van a regalarme un viaje a Egipto.
5. ¡Qué generosos son!

3 **Refranes** Repeat each saying after the speaker to practice pronouncing **h, j,** and **g.**

1. A la larga, lo más dulce amarga.
2. El hábito no hace al monje.

4 **Dictado** Victoria is talking to her friend Mirta on the phone. Listen carefully and during the pauses write what she says. The entire passage will then be repeated so that you can check your work.

____

____

____

____

GRAMÁTICA

9.1 Irregular preterites

1

Escoger Listen to each question and choose the most logical response.

1. a. No, no conduje hoy. b. No, no condujo hoy.
2. a. Te dije que tengo una cita con Gabriela esta noche. b. Me dijo que tiene una cita con Gabriela esta noche.
3. a. Estuvimos en la casa de Marta. b. Estuvieron en la casa de Marta.
4. a. Porque tuvo que estudiar. b. Porque tiene que estudiar.
5. a. Lo supe la semana pasada. b. Lo supimos la semana pasada.
6. a. Los pusimos en la mesa. b. Los pusieron en la mesa.
7. a. No, sólo tradujimos un poco. b. No, sólo traduje un poco.
8. a. Sí, le di $20,00. b. Sí, le dio $20,00.

2

Cambiar Change each sentence from the present to the preterite. Repeat the correct answer after the speaker. (*8 items*)

modelo

Él pone el flan sobre la mesa.

Él *puso el flan sobre la mesa.*

3

Preguntas Answer each question you hear using the cue. Substitute object pronouns for the direct object when possible. Repeat the correct answer after the speaker.

modelo

You hear: ¿Quién condujo el auto?

You see: yo

You say: *Yo lo conduje.*

1. Gerardo
2. Mateo y Yolanda
3. nosotros
4. muy buena
5. ¡Felicitaciones!
6. mi papá

4

Completar Listen to the dialogue and write the missing words.

______ (1) por un amigo que los Márquez ______ (2) a visitar a su hija. Me ______ (3) que ______ (4) desde Antofagasta y que se ______ (5) en el Hotel Carrera. Les ______ (6) una llamada (*call*) anoche pero no ______ (7) el teléfono. Sólo ______ (8) dejarles un mensaje. Hoy ellos me ______ (9) y me ______ (10) si mi esposa y yo teníamos tiempo para almorzar con ellos. Claro que les ______ (11) que sí.

Nombre ______________________ Fecha ______________________

9.2 Verbs that change meaning in the preterite

1

Identificar Listen to each sentence and mark the subject of the verb.

modelo

You hear: ¿Cuándo lo supiste?
You mark: tú

	yo	tú	él/ella	nosotros/as	ellos/ellas
Modelo		X			
1.					
2.					
3.					
4.					
5.					
6.					
7.					
8.					

2

Preguntas Answer each question you hear using the cue. Substitute object pronouns for the direct object when possible. Repeat the correct response after the speaker.

modelo

You hear: ¿Conocieron ellos a Sandra?
You see: sí
You say: Sí, la conocieron.

1. sí 2. en la casa de Ángela 3. el viernes 4. no 5. no 6. anoche

3

¡Qué lástima! (*What a shame!*) Listen as José talks about some news he recently received. Then read the statements and decide whether they are **cierto** or **falso**.

	Cierto	Falso
1. Supieron de la muerte ayer.	❍	❍
2. Se sonrieron cuando oyeron las noticias (*news*).	❍	❍
3. Carolina no se pudo comunicar con la familia.	❍	❍
4. Francisco era (*was*) joven.	❍	❍
5. Mañana piensan llamar a la familia de Francisco.	❍	❍

4

Relaciones amorosas Listen as Susana describes what happened between her and Pedro. Then answer the questions.

1. ¿Por qué no pudo salir Susana con Pedro? ______________________
2. ¿Qué supo por su amiga? ______________________
3. ¿Cómo se puso ella cuando Pedro llamó? ______________________
4. ¿Qué le dijo Susana a Pedro? ______________________

Nombre ____________________ Fecha ____________________

9.3 Relative pronouns

1 **Escoger** You will hear some sentences with a beep in place of the relative pronoun. Decide whether **que**, **quien**, or **lo que** should complete each sentence.

modelo

You hear: (*Beep*) me gusta de las bodas es la comida.
You select: Lo que because the sentence is **Lo que me gusta de las bodas es la comida.**

1. que	quien	lo que		6. que	quien	lo que
2. que	quien	lo que		7. Que	Quien	Lo que
3. que	quien	lo que		8. que	quien	lo que
4. que	quien	lo que		9. que	quien	lo que
5. que	quien	lo que		10. que	quien	lo que

2 **Completar** Listen to this description and fill in the missing words.

Sandra y Enrique, ______(1) se casan hoy, celebran su matrimonio en el Hotel Plaza. Invitan a Andrés, a ______(2) conocen desde hace quince años. Andrés sabe ______(3) esperan unas palabras suyas. Practica ______(4) dice toda la semana: "Todos sabemos ______(5) esta pareja se ama. Y ______(6) es más importante, son personas queridas. Sólo hay paz y amor en su futuro". El momento de brindar llega. Adela, ______(7) está enamorada de Andrés, lo mira mucho. Cuando termina de hablar, Andrés va a bailar porque supone ______(8) así Adela no lo pone nervioso.

3 **Preguntas** Answer each question you hear using a relative pronoun and the cues provided. Repeat the correct response after the speaker.

modelo

You hear: ¿Quiénes son esos chicos?
You see: los invitados / vienen a la fiesta
You say: **Son los invitados que vienen a la fiesta.**

1. chica / conocí en la boda
2. mis amigos / festejan su graduación
3. chico / se casa Patricia
4. vecino / celebra su cumpleaños
5. la pareja / nos regaló un pastel
6. quinceañera / tuvo su fiesta ayer

4 **La fiesta sorpresa** Sandra's birthday is coming soon. Someone wants to throw her a party. It is supposed to be a surprise, but Sandra discovered a few things. Listen to her conclusions. Then complete the list of clues and answer the question.

Pistas

1. La agenda que ____________________
2. La tía Ramona, que ____________________
3. Manuel, quien ____________________
4. Mi prima Rita, quien ____________________

Pregunta

¿Quién está planeando hacer una fiesta sorpresa para Sandra? ____________________

____

Nombre ____________________ Fecha ____________________

9.4 ¿Qué? and ¿cuál?

1 **¿Lógico o ilógico?** You will hear some questions and the responses. Decide if they are **lógico** or **ilógico**.

1. Lógico Ilógico
2. Lógico Ilógico
3. Lógico Ilógico
4. Lógico Ilógico
5. Lógico Ilógico
6. Lógico Ilógico
7. Lógico Ilógico
8. Lógico Ilógico

2 **Preguntas** You will hear a series of responses to questions. Using **¿qué?** or **¿cuál?**, form the question that prompted each response. Repeat the correct answer after the speaker. (*8 items*)

modelo

Santiago de Chile es la capital de Chile.

¿Cuál es la capital de Chile?

3 **De compras** Look at Marcela's shopping list for Christmas and answer each question you hear. Repeat the correct response after the speaker. (*6 items*)

Raúl	2 camisas, talla 17
Cristina	blusa, color azul
Pepe	bluejeans y tres pares de calcetines blancos
Abuelo	cinturón
Abuela	suéter blanco

4 **Escoger** Listen to this radio commercial and choose the most logical response to each question.

1. ¿Qué hace Fiestas Mar?
a. Organiza fiestas. b. Es una tienda que vende cosas para fiestas. c. Es un club en el mar.
2. ¿Para qué tipo de fiesta no usaría (*would not use*) Fiestas Mar?
a. Para una boda. b. Para una fiesta sorpresa. c. Para una cena con los suegros.
3. ¿Cuál de estos servicios no ofrece Fiestas Mar?
a. Poner las decoraciones. b. Proveer (*provide*) el lugar. c. Proveer los regalos.
4. ¿Qué tiene que hacer el cliente si usa Fiestas Mar?
a. Tiene que preocuparse por la lista de invitados. b. Tiene que preocuparse por la música.
c. Tiene que preparar la comida.
5. Si uno quiere contactar Fiestas Mar, ¿qué debe hacer?
a. Debe escribirles un mensaje electrónico. b. Debe llamarlos. c. Debe ir a Casa Mar.

PREPARACIÓN

Lección 10

1 **Identificar** You will hear a series of words. Write each one in the appropriate category.

modelo

You hear: el hospital
You write: el hospital under Lugares

Lugares	Medicinas	Condiciones y síntomas médicos
el hospital		

2 **Describir** For each drawing, you will hear two statements. Choose the one that corresponds to the drawing.

1. a. b.

2. a. b.

3. a. b.

4. a. b.

Nombre ______________________ Fecha ______________________

PRONUNCIACIÓN

c (before a consonant) and q

In Lesson 8, you learned that, in Spanish, the letter **c** before the vowels **a, o,** and **u** is pronounced like the *c* in the English word *car*. When the letter **c** appears before any consonant except **h,** it is also pronounced like the *c* in *car*.

clínica bici**cl**eta **cr**ema do**ct**ora o**ct**ubre

In Spanish, the letter **q** is always followed by a **u**, which is silent. The combination **qu** is pronounced like the *k* sound in the English word *kitten*. Remember that the sounds **kwa, kwe, kwi, kwo,** and **koo** are always spelled with the combination **cu** in Spanish, never with **qu**.

querer par**que** **qu**eso **quí**mica mante**qui**lla

1 **Práctica** Repeat each word after the speaker, focusing on the **c** and **q** sounds.

1. quince
2. querer
3. pequeño
4. equipo
5. conductor
6. escribir
7. contacto
8. increíble
9. aquí
10. ciclismo
11. electrónico
12. quitarse

2 **Oraciones** When you hear the number, read the corresponding sentence aloud. Then listen to the speaker and repeat the sentence.

1. El doctor Cruz quiso sacarle la muela.
2. Clara siempre se maquilla antes de salir de casa.
3. ¿Quién perdió su equipaje?
4. Pienso comprar aquella camisa porque me queda bien.
5. La chaqueta cuesta quinientos cuarenta dólares, ¿no?
6. Esa clienta quiere pagar con tarjeta de crédito.

3 **Refranes** Repeat each saying after the speaker to practice the **c** and **q** sounds.

1. Ver es creer.[1]
2. Quien mal anda, mal acaba.[2]

4 **Dictado** You will hear five sentences. Each will be said twice. Listen carefully and write what you hear.

1. ____
2. ____
3. ____
4. ____
5. ____
____

[1]*Seeing is believing.*

[2]*He who lives badly, ends badly.*

Nombre ______________________ Fecha ______________________

GRAMÁTICA

10.1 The imperfect tense

1 **Identificar** Listen to each sentence and circle the verb tense you hear.

1. a. present	b. preterite	c. imperfect		6. a. present	b. preterite	c. imperfect
2. a. present	b. preterite	c. imperfect		7. a. present	b. preterite	c. imperfect
3. a. present	b. preterite	c. imperfect		8. a. present	b. preterite	c. imperfect
4. a. present	b. preterite	c. imperfect		9. a. present	b. preterite	c. imperfect
5. a. present	b. preterite	c. imperfect		10. a. present	b. preterite	c. imperfect

2 **Cambiar** Form a new sentence using the cue you hear. Repeat the correct answer after the speaker. (6 *items*)

modelo

Iban a casa. (Eva)
Eva iba a casa.

3 **Preguntas** A reporter is writing an article about funny things people used to do when they were children. Answer her questions using the cues provided. Then repeat the correct response after the speaker.

modelo

You hear: ¿Qué hacía Miguel de niño?
You see: ponerse pajitas (*straws*) en la nariz
You say: **Miguel se ponía pajitas en la nariz.**

1. quitarse los zapatos en el restaurante
2. vestirnos con la ropa de mamá
3. sólo querer comer dulces
4. jugar con un amigo invisible
5. usar las botas de su papá
6. comer con las manos

4 **Completar** Listen to this description of Ángela's medical problem and write the missing words.

Ángela ____________(1) día y noche. ____________(2) que ____________(3) un resfriado, pero se ____________(4) bastante saludable. Se ____________(5) de la biblioteca después de poco tiempo porque les ____________(6) a los otros estudiantes. Sus amigas, Laura y Petra, siempre le ____________(7) que ____________(8) alguna alergia. Por fin, decidió hacerse un examen médico. La doctora le dijo que ella ____________(9) alérgica y que ____________(10) muchas medicinas para las alergias. Finalmente, le recetó unas pastillas. Al día siguiente (*following*), Ángela se ____________(11) mejor porque ____________(12) cuál era el problema y ella dejó de estornudar después de tomar las pastillas.

Nombre ____________________ Fecha ____________________

10.2 Constructions with se

1 **Escoger** Listen to each question and choose the most logical response.

1. a. Ay, se te quedó en casa.
   b. Ay, se me quedó en casa.
2. a. No, se le olvidó llamarlo.
   b. No, se me olvidó llamarlo.
3. a. Se le rompieron jugando al fútbol.
   b. Se les rompieron jugando al fútbol.
4. a. Ay, se les olvidó.
   b. Ay, se nos olvidó.
5. a. No, se me perdió.
   b. No, se le perdió.
6. a. Se nos rompió.
   b. Se le rompieron.

2 **Preguntas** Answer each question you hear using the cue provided and the impersonal **se**. Repeat the correct response after the speaker.

modelo

You hear: ¿Qué lengua se habla en Costa Rica?
You see: español
You say: **Se habla español.**

1. a las seis
2. gripe
3. en la farmacia
4. en la caja
5. en la Oficina de Turismo
6. tomar el autobús #3

3 **Letreros** (*Signs*) Some or all of the type is missing on the signs. Listen to the speaker and write the appropriate text below each sign. The text for each sign will be repeated.

____
____
____

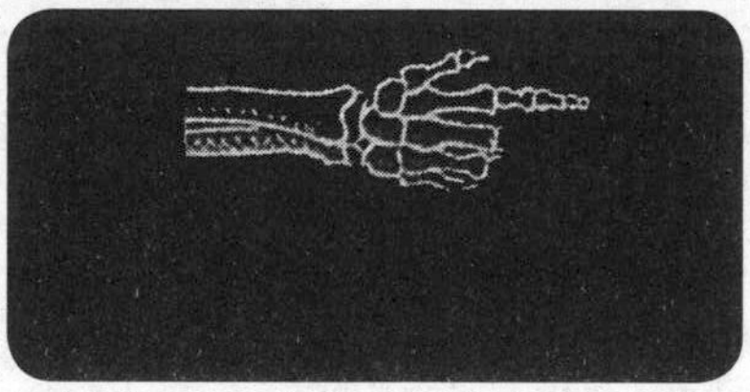

____
____
____

____
____
____

____
____
____

Nombre ______________________ Fecha ______________________

10.3 Adverbs

1 **Completar** Listen to each statement and choose the word or phrase that best completes it.

1. a. casi	b. mal	c. ayer
2. a. con frecuencia	b. además	c. ayer
3. a. poco	b. tarde	c. bien
4. a. a menudo	b. muy	c. menos
5. a. así	b. apenas	c. tranquilamente
6. a. bastante	b. a tiempo	c. normalmente

2 **Cambiar** Form a new sentence by changing the adjective to an adverb. Repeat the correct answer after the speaker.

modelo

You hear: Juan dibuja.
You see: fabuloso
You say: **Juan dibuja fabulosamente.**

1. regular	3. feliz	5. general
2. rápido	4. constante	6. fácil

3 **Preguntas** Answer each question you hear in the negative, using the cue provided. Repeat the correct response after the speaker.

modelo

You hear: ¿Salió bien la operación?
You see: mal
You say: **No, la operación salió mal.**

1. lentamente	3. muy	5. tristemente
2. tarde	4. nunca	6. poco

4 **Situaciones** You will hear four brief conversations. Choose the phrase that best completes each sentence.

1. Mónica...
   a. llegó tarde al aeropuerto.
   b. casi perdió el avión a San José.
   c. decidió no ir a San José.

2. Pilar...
   a. se preocupa por la salud de Tomás.
   b. habla con su médico.
   c. habla con Tomás sobre un problema médico.

3. La señora Blanco...
   a. se rompió la pierna hoy.
   b. quiere saber si puede correr mañana.
   c. se lastimó el tobillo hoy.

4. María está enojada porque Vicente...
   a. no va a recoger (*to pick up*) su medicina.
   b. no recogió su medicina ayer.
   c. no debe tomar antibióticos.

PREPARACIÓN

Lección 11

1 **Asociaciones** Circle the word or words that are not logically associated with each word you hear.

1. la impresora	el semáforo	el fax
2. guardar	imprimir	chocar
3. el carro	el motor	el sitio web
4. los frenos	el ratón	el aceite
5. el parabrisas	el camino	el mecánico
6. el kilómetro	el centímetro	el disco
7. el archivo	la televisión	la llanta
8. la conexión inalámbrica	la policía	la velocidad

2 **¿Lógico o ilógico?** You will hear some statements. Decide if they are **lógico** or **ilógico**.

	Lógico	Ilógico		Lógico	Ilógico
1.	○	○	5.	○	○
2.	○	○	6.	○	○
3.	○	○	7.	○	○
4.	○	○	8.	○	○

3 **Identificar** For each drawing, you will hear two statements. Choose the statement that best corresponds to the drawing.

1. a. b. 2. a. b.

3. a. b. 4. a. b.

Nombre ____________ Fecha ____________

PRONUNCIACIÓN

c (before e or i), s, and z

In Latin America, **c** before **e** or **i** sounds much like the *s* in *sit*.

medi**c**ina	**c**elular	cono**c**er	pa**c**iente

In parts of Spain, **c** before **e** or **i** is pronounced like the *th* in *think*.

condu**c**ir	poli**c**ía	**c**elebrar	velo**c**idad

The letter **s** is pronounced like the *s* in *sit*.

subir	be**s**ar	**s**onar	impre**s**ora

In Latin America, the Spanish **z** is pronounced like the **s**.

cabe**z**a	nari**z**	abra**z**ar	embara**z**ada

The **z** is pronounced like the *th* in *think* in parts of Spain.

zapatos	**z**ona	pla**z**a	bra**z**o

1 **Práctica** Repeat each word after the speaker to practice pronouncing **s**, **z**, and **c** before **i** and **e**.

1. funcionar
2. policía
3. receta
4. sitio
5. disco
6. zapatos
7. zanahoria
8. marzo
9. comenzar
10. perezoso
11. quizás
12. operación

2 **Oraciones** When you hear each number, read the corresponding sentence aloud. Then listen to the speaker and repeat the sentence.

1. Vivió en Buenos Aires en su niñez pero siempre quería pasar su vejez en Santiago.
2. Cecilia y Zulaima fueron al centro a cenar al restaurante Las Delicias.
3. Sonó el despertador a las seis y diez pero estaba cansado y no quiso oírlo.
4. Zacarías jugaba al baloncesto todas las tardes después de cenar.

3 **Refranes** Repeat each saying after the speaker to practice pronouncing **s**, **z**, and **c** before **i** and **e**.

1. Zapatero, a tus zapatos.[1]
2. Primero es la obligación que la devoción.[2]

4 **Dictado** You will hear a friend describing Azucena's weekend experiences. Listen carefully and write what you hear during the pauses. The entire passage will be repeated so that you can check your work.

____

____

____

____

____

____

____

[1]*Mind your P's and Q's.* (lit. *Shoemaker, to your shoes.*)

[2]*Business before pleasure.*

GRAMÁTICA

11.1 The preterite and the imperfect

1 **Identificar** Listen to each statement and identify the verbs in the preterite and imperfect. Write them in the appropriate column.

modelo

You hear: Cuando arrancó el carro, llovía fuertemente.
You write: *arrancó* under *Preterite,* and *llovía* under *Imperfect.*

	Preterite	Imperfect
Modelo	*arrancó*	*llovía*
1.		
2.		
3.		
4.		
5.		
6.		
7.		
8.		

2 **Responder** Answer the questions using the cues. Substitute direct object pronouns for the direct object nouns when appropriate. Repeat the correct response after the speaker.

modelo

You hear: ¿Por qué no llamaste a Soledad la semana pasada?
You see: teléfono estar descompuesto
You say: *Porque el teléfono estaba descompuesto.*

1. ir al cine
2. no tener las llaves
3. ya tenerla
4. sábado
5. no haber mucho tráfico
6. haber aceite en la calle
7. en la calle
8. no, llevarla conmigo

3 **¡Qué día!** Listen as Mercedes tells a friend about her day. Then read the statements and decide whether they are **cierto** or **falso**.

	Cierto	Falso
1. Mercedes tenía mucha experiencia con la computadora.	❍	❍
2. Mercedes no encontró nada interesante en Internet.	❍	❍
3. A Mercedes le dolía la cabeza porque tenía gripe.	❍	❍
4. Mercedes decidió escuchar un disco compacto.	❍	❍
5. Mercedes necesita tomar una clase de computación.	❍	❍
6. Mercedes imprimió unas páginas de un sitio web.	❍	❍

Nombre ______________________ Fecha ______________________

11.2 Por and para

1 **Escoger** You will hear some sentences with a beep in place of a preposition. Decide if **por** or **para** should complete each sentence.

modelo

You hear: El teclado es (*beep*) la computadora de Nuria.
You mark: para

	por	para
Modelo	______	X
1.	______	______
2.	______	______
3.	______	______
4.	______	______
5.	______	______
6.	______	______
7.	______	______
8.	______	______

2 **La aventura** (*adventure*) Complete each phrase about Jaime with **por** or **para** and the cue provided. Repeat each correct response after the speaker.

modelo

You hear: Jaime estudió.
You see: médico
You say: **Jaime estudió para médico.**

1. unos meses
2. hacer sus planes
3. mil dólares
4. hacer turismo
5. la ciudad
6. su mamá
7. pesos
8. las montañas

3 **Los planes** Listen to the telephone conversation between Antonio and Sonia and then select the best response for the questions.

1. ¿Por dónde quiere ir Sonia para ir a Bariloche?
   a. Quiere ir por Santiago de Chile.
   b. Va a ir por avión.
2. ¿Para qué va Sonia a Bariloche?
   a. Va para esquiar.
   b. Va para comprar esquíes.
3. ¿Por qué tiene que ir de compras Sonia?
   a. Para comprar una bolsa.
   b. Necesita un abrigo por el frío.
4. ¿Por qué quiere ir Antonio con ella hoy?
   a. Quiere ir para estar con ella.
   b. Quiere ir para comprar un regalo.

11.3 Stressed possessive adjectives and pronouns

1

Identificar Listen to each statement and mark the possessive pronoun you hear.

modelo

You hear: Ya arreglaron todos los coches pero el tuyo no.
You write: yours

	mine	*yours*	*his/hers*	*ours*	*theirs*
Modelo	______	X	______	______	______
1.	______	______	______	______	______
2.	______	______	______	______	______
3.	______	______	______	______	______
4.	______	______	______	______	______
5.	______	______	______	______	______
6.	______	______	______	______	______
7.	______	______	______	______	______
8.	______	______	______	______	______

2

Transformar Restate each sentence you hear, using the cues. Repeat the correct answer after the speaker.

modelo

You hear: ¿De qué año es el carro suyo?
You see: mine
You say: ***¿De qué año es el carro mío?***

1. his
2. ours
3. yours (fam.)
4. theirs
5. mine
6. hers

3

Cierto o falso You will hear two brief conversations. Listen carefully and then indicate whether the statements are **cierto** or **falso**.

	Cierto	Falso
1. Los de la primera conversación comparten sus cosas mejor que los de la segunda.	❍	❍
2. Está claro que los de la primera conversación van a ir a la universidad.	❍	❍
3. Los de la primera conversación van a vivir juntos.	❍	❍
4. Las personas que hablan o se mencionan en la segunda conversación no saben compartir sus cosas.	❍	❍
5. En la segunda conversación, Adela y su prima hacen planes para sus estudios.	❍	❍
6. En la segunda conversación, Julián necesita la calculadora para sus estudios.	❍	❍

Nombre ______________________ Fecha ______________________

PREPARACIÓN

Lección 12

1 **Describir** Listen to each sentence and write the number of the sentence below the drawing of the household item mentioned.

a. ______________ b. ______________ c. ______________

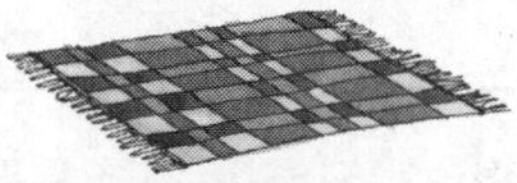

d. ______________ e. ______________ f. ______________

g. ______________ h. ______________

2 **Identificar** You will hear a series of words. Write the word that does not belong in each series.

1. ______________ 4. ______________ 7. ______________
2. ______________ 5. ______________ 8. ______________
3. ______________ 6. ______________

3 **Quehaceres domésticos** Your children are complaining about the state of things in your house. Respond to their complaints by telling them what household chores they should do to correct the situation. Repeat the correct response after the speaker. (*6 items*)

modelo

La ropa está arrugada (*wrinkled*).

Debes planchar la ropa.

4 **En la oficina de la agente inmobiliaria** Listen to this conversation between Mr. Fuentes and a real estate agent. Then read the statements and decide whether they are **cierto** or **falso**.

	Cierto	Falso
1. El señor Fuentes quiere alquilar una casa.	❍	❍
2. El señor Fuentes quiere vivir en las afueras.	❍	❍
3. Él no quiere pagar más de 900 balboas al mes.	❍	❍
4. Él vive solo (*alone*).	❍	❍
5. La casa de apartamentos tiene ascensor.	❍	❍
6. El apartamento tiene lavadora.	❍	❍

PRONUNCIACIÓN

The letter x

In Spanish, the letter **x** has several sounds. When the letter **x** appears between two vowels, it is usually pronounced like the *ks* sound in *eccentric* or the *gs* sound in *egg salad.*

con**exi**ón   **exa**men   **saxo**fón

If the letter **x** is followed by a consonant, it is pronounced like *s* or *ks*.

explicar   se**xto**   **exc**ursión

In Old Spanish, the letter **x** had the same sound as the Spanish **j**. Some proper names and some words from native languages like Náhuatl and Maya have retained this pronunciation.

Don Qui**x**ote   Oa**x**aca   Te**x**as

1 **Práctica** Repeat each word after the speaker, focusing on the **x** sound.

1. éxito
2. reflexivo
3. exterior
4. excelente
5. expedición
6. mexicano
7. expresión
8. examinar
9. excepto
10. exagerar
11. contexto
12. Maximiliano

2 **Oraciones** When you hear the number, read the corresponding sentence aloud. Then listen to the speaker and repeat the sentence.

1. Xavier Ximénez va de excursión a Ixtapa.
2. Xavier es una persona excéntrica y se viste de trajes extravagantes.
3. Él es un experto en lenguas extranjeras.
4. Hoy va a una exposición de comidas exóticas.
5. Prueba algunos platos exquisitos y extraordinarios.

3 **Refranes** Repeat each saying after the speaker to practice the **x** sound.

1. Ir por extremos no es de discretos.[1]
2. El que de la ira se deja vencer, se expone a perder.[2]

4 **Dictado** You will hear five sentences. Each will be said twice. Listen carefully and write what you hear.

1. ______________________________
2. ______________________________
3. ______________________________
4. ______________________________
5. ______________________________

[1] *Prudent people don't go to extremes.*

[2] *He who allows anger to overcome him, risks losing.*

Nombre ______________________ Fecha ______________________

GRAMÁTICA

12.1 Usted and ustedes commands

1 **Identificar** You will hear some sentences. If the verb is a formal command, select **Sí**. If the verb is not a command, select **No.**

modelo

You hear: Saque la basura.
You select: Sí because *Saque* is a formal command.

1. Sí No	6. Sí No
2. Sí No	7. Sí No
3. Sí No	8. Sí No
4. Sí No	9. Sí No
5. Sí No	10. Sí No

2 **Cambiar** A physician is giving a patient advice. Change each sentence you hear from an indirect command to a formal command. Repeat the correct answer after the speaker. (*6 items*)

modelo

Usted tiene que dormir ocho horas cada noche.
Duerma ocho horas cada noche.

3 **Preguntas** Answer each question you hear in the affirmative using a formal command and a direct object pronoun. Repeat the correct response after the speaker. (*8 items*)

modelo

¿Cerramos las ventanas?
Sí, ciérrenlas.

4 **Más preguntas** Answer each question you hear using a formal command and the cue provided. Repeat the correct response after the speaker.

modelo

You hear: ¿Debo llamar al señor Rodríguez?
You see: no / ahora
You say: No, no lo llame ahora.

1. no	3. sí / aquí	5. el primer día del mes
2. a las cinco	4. no	6. que estamos ocupados

5 **¿Cómo llegar?** Julia is going to explain how to get to her home. Listen to her instructions, then number the instructions in the correct order. Two items will not be used.

_______ a. entrar al edificio que está al lado del Banco Popular
_______ b. tomar el ascensor al cuarto piso
_______ c. buscar la llave debajo de la alfombra
_______ d. ir detrás del edificio
_______ e. bajarse del metro en la estación Santa Rosa
_______ f. subir las escaleras al tercer piso
_______ g. caminar hasta el final del pasillo

Nombre ____________________ Fecha ____________________

12.2 The present subjunctive

1 **Escoger** You will hear some sentences with a beep in place of a verb. Decide which verb should complete each sentence.

modelo

You hear: Es urgente que (*beep*) al médico.
You see: vas vayas
You select: vayas because the sentence is **Es urgente que vayas al médico.**

1.	tomamos	tomemos	5.	se acuestan	se acuesten
2.	conduzcan	conducen	6.	sabes	sepas
3.	aprenda	aprende	7.	almorcemos	almorzamos
4.	arreglas	arregles	8.	se mude	se muda

2 **Cambiar** You are a Spanish instructor, and it's the first day of class. Tell your students what is important for them to do using the cues you hear. (*8 items*)

modelo

hablar español en la clase
Es importante que ustedes hablen español en la clase.

3 **Transformar** Change each sentence you hear to the subjunctive mood using the expression provided. Repeat the correct answer after the speaker.

modelo

You hear: Pones tu ropa en el armario.
You see: Es necesario
You say: **Es necesario que pongas tu ropa en el armario.**

1. Es mejor
2. Es urgente
3. Es malo
4. Es importante
5. Es bueno
6. Es necesario

4 **¿Qué pasa aquí?** Listen to this conversation. Then choose the phrase that best completes each sentence.

1. Esta conversación es entre...
   a. un empleado y una clienta.
   b. un hijo y su madre.
   c. un camarero y la dueña de un restaurante.
2. Es necesario que Mario...
   a. llegue temprano.
   b. se lave las manos.
   c. use la lavadora.
3. Es urgente que Mario...
   a. ponga las mesas.
   b. quite las mesas.
   c. sea listo.

12.3 Subjunctive with verbs of will and influence

1 **Identificar** Listen to each sentence. If you hear a verb in the subjunctive, select **Sí**. If you don't hear the subjunctive, select **No**.

1. Sí No
2. Sí No
3. Sí No
4. Sí No
5. Sí No
6. Sí No

2 **Transformar** Some people are discussing what they or their friends want to do. Say that you don't want them to do those things. Repeat the correct response after the speaker. (*6 items*)

modelo

Esteban quiere invitar a tu hermana a una fiesta.
No quiero que Esteban invite a mi hermana a una fiesta.

3 **Situaciones** Listen to each situation and make a recommendation using the cues.

modelo

You hear: Sacamos una "F" en el examen de química.
You see: estudiar más
You say: **Les recomiendo que estudien más.**

1. ponerte un suéter
2. quedarse en la cama
3. regalarles una lámpara
4. no hacerlo
5. comprarlas en la Casa Bonita
6. ir a La Cascada

4 **¿Qué hacemos?** Listen to this conversation and answer the questions.

1. ¿Qué quiere el señor Barriga que hagan los chicos?

____

2. ¿Qué le pide el chico?

____

3. ¿Qué les sugiere el señor a los chicos?

____

4. ¿Qué tienen que hacer los chicos si no consiguen el dinero?

____

5. Al final, ¿en qué insiste el señor Barriga?

____

Nombre ______________________ Fecha ______________________

PREPARACIÓN

Lección 13

1 **¿Lógico o ilógico?** You will hear some questions and the responses. Decide if they are **lógico** or **ilógico**.

1. Lógico Ilógico
2. Lógico Ilógico
3. Lógico Ilógico
4. Lógico Ilógico
5. Lógico Ilógico
6. Lógico Ilógico

2 **Eslóganes** You will hear some slogans created by environmentalists. Write the number of each slogan next to the ecological problem it addresses.

_____ a. la contaminación del aire
_____ b. la deforestación
_____ c. la extinción de animales
_____ d. la contaminación del agua
_____ e. el calentamiento global
_____ f. la basura en las calles

3 **Preguntas** Look at the drawings and answer each question you hear. Repeat the correct response after the speaker.

1.

2.

3.

4.

4 **Completar** Listen to this radio advertisement and write the missing words.

Para los que gustan del ______(1)______, la agencia Eco-Guías los invita a viajar a la ______(2)______ amazónica. Estar en el Amazonas es convivir (*to coexist*) con la ______(3)______. Venga y ______(4)______ los misterios del ______(5)______ tropical. Admire de cerca las diferentes ______(6)______ y ______(7)______ mientras navega por un ______(8)______ que parece mar. Duerma bajo un ______(9)______ lleno de ______(10)______. Piérdase en un ______(11)______ de encanto (*enchantment*).

Nombre ______________________ Fecha ______________________

PRONUNCIACIÓN

l, ll, and y

In Spanish, the letter **l** is pronounced much like the *l* sound in the English word *lemon.*

cie**l**o **l**ago **l**ata **l**una

In Lesson 8, you learned that most Spanish speakers pronounce the letter **ll** like the *y* in the English word *yes.* The letter **y** is often pronounced in the same manner.

estre**ll**a va**ll**e ma**y**o pla**y**a

When the letter **y** occurs at the end of a syllable or by itself, it is pronounced like the Spanish letter **i**.

le**y** mu**y** vo**y** **y**

1 **Práctica** Repeat each word after the speaker focusing on the **l, ll,** and **y** sounds.

1. lluvia
2. desarrollar
3. animal
4. reciclar
5. llegar
6. pasillo
7. limón
8. raya
9. resolver
10. pantalla
11. yogur
12. estoy
13. taller
14. hay
15. mayor

2 **Oraciones** When you hear the number, read the corresponding sentence aloud. Then listen to the speaker and repeat the sentence.

1. Ayer por la mañana Leonor se lavó el pelo y se maquilló.
2. Ella tomó café con leche y desayunó pan con mantequilla.
3. Después su yerno vino a su casa para ayudarla.
4. Pero él se cayó en las escaleras del altillo y se lastimó la rodilla.
5. Leonor lo llevó al hospital.
6. Allí le dieron unas pastillas para el dolor.

3 **Refranes** Repeat each saying after the speaker to practice the **l, ll,** and **y** sounds.

1. Quien no oye consejo, no llega a viejo.[1]
2. A caballo regalado, no le mires el diente.[2]

4 **Dictado** You will hear five sentences. Each will be said twice. Listen carefully and write what you hear.

1. ______________________________
2. ______________________________
3. ______________________________
4. ______________________________
5. ______________________________

[1]*He who doesn't listen to advice, doesn't reach old age.*

[2]*Don't look a gift horse in the mouth.*

GRAMÁTICA

13.1 The subjunctive with verbs of emotion

1

Escoger Listen to each statement and choose the most logical response.

1. a. Ojalá que se mejore pronto.
   b. Me alegro de que esté bien.
2. a. Espero que podamos ir a nadar mañana.
   b. Es una lástima que ya no lo podamos usar.
3. a. Me sorprende que venga temprano.
   b. Siento que se pierda la película.
4. a. Temo que el río esté contaminado.
   b. Me alegro de que vea bien.
5. a. Es ridículo que el gobierno controle cuando nos bañemos.
   b. Me gusta cepillarme los dientes.
6. a. Es triste que la gente cuide la selva.
   b. Me molesta que no hagamos nada para mejorar la situación.

2

Transformar Change each sentence you hear to the subjunctive mood using the expression provided. Repeat the correct answer after the speaker.

modelo

You hear: Cada año hay menos árboles en el mundo.
You see: Es una lástima
You say: ***Es una lástima que cada año haya menos árboles en el mundo.***

1. Es triste
2. Es extraño
3. Es terrible
4. Es ridículo
5. Es una lástima
6. Me molesta

3

Preguntas Answer each question you hear using the cues. Repeat the correct response after the speaker.

modelo

You hear: ¿De qué tienes miedo?
You see: nosotros / no resolver la crisis de energía
You say: ***Tengo miedo de que nosotros no resolvamos la crisis de energía.***

1. Ricardo / estudiar ecología
2. muchas personas / no preocuparse por el medio ambiente
3. tú / hacer un viaje a la selva
4. el gobierno / controlar el uso de la energía nuclear
5. los turistas / recoger las flores
6. haber / tantas plantas en el desierto

4

El Club de Ecología Listen to this conversation. Then read the statements in your lab manual and decide whether they are **cierto** or **falso**.

	Cierto	Falso
1. Carmen se alegra de que la presidenta del club empiece un programa de reciclaje.	❍	❍
2. Héctor espera que Carmen se enoje con la presidenta.	❍	❍
3. Carmen teme que los otros miembros (*members*) quieran limpiar las playas.	❍	❍
4. A Carmen le gusta ir a la playa.	❍	❍
5. A Héctor le sorprende que Carmen abandone (*resigns from*) el club.	❍	❍
6. Carmen cree que la presidenta va a cambiar de idea.	❍	❍

13.2 The subjunctive with doubt, disbelief, and denial

1 **Identificar** Listen to each sentence and decide whether you hear a verb in the indicative or the subjunctive in the subordinate clause. Mark the appropriate column.

modelo

You hear: Creo que Nicolás va de excursión.
You mark: indicative because you heard *va*.

	Indicative	*Subjunctive*
Modelo	X	________
1.	________	________
2.	________	________
3.	________	________
4.	________	________
5.	________	________
6.	________	________
7.	________	________

2 **Cambiar** Change each sentence you hear to the negative. Repeat the correct answer after the speaker. (*7 items*)

modelo

Dudo que haga frío en Bogotá.
No dudo que hace frío en Bogotá.

3 **Te ruego** Listen to this conversation between a father and daughter. Then choose the word or phrase that best completes each sentence.

1. Juanita quiere ir a la selva amazónica para _____.
   a. vivir con los indios b. estudiar las plantas tropicales c. estudiar los animales
2. Ella _____ que quiere ir.
   a. está segura de b. no está segura de c. niega
3. Su papá _____ que se enferme con malaria.
   a. está seguro b. teme c. niega
4. Juanita _____ que se enferme.
   a. duda b. no duda c. cree
5. _____ que el papá no quiera que ella vaya.
   a. Es cierto b. No es cierto c. No hay duda de
6. El papá dice que _____ que la selva amazónica es un lugar fantástico.
   a. es improbable b. es imposible c. no cabe duda de
7. _____ Juanita va a la selva amazónica.
   a. Es seguro que b. Tal vez c. No es probable que
8. Juanita _____ que su papá es el mejor papá del mundo.
   a. duda b. no cree c. cree

13.3 The subjunctive with conjunctions

1 **¿Lógico o ilógico?** You will hear some sentences. Decide if they are **lógico** or **ilógico**.

1. Lógico Ilógico
2. Lógico Ilógico
3. Lógico Ilógico
4. Lógico Ilógico
5. Lógico Ilógico
6. Lógico Ilógico

2 **A la entrada del parque** Listen to the park ranger's instructions. Then number the drawings in the correct order.

a. ____

b. ____

c. ____

d. ____

3 **Identificar** Listen to each sentence and mark the appropiate column to indicate whether the subordinate clause expresses a future action, a habitual action, or a past action.

modelo

You hear: Voy a ir a caminar por el sendero tan pronto como llegues a la casa.
You mark: future action

	future action	*habitual action*	*past action*
Modelo	X		
1.			
2.			
3.			
4.			
5.			
6.			

Nombre ______________________ Fecha ______________________

PREPARACIÓN

Lección 14

1 **¿Lógico o ilógico?** You will hear some questions and the responses. Decide if they are **lógico** or **ilógico**.

1. Lógico Ilógico
2. Lógico Ilógico
3. Lógico Ilógico
4. Lógico Ilógico
5. Lógico Ilógico
6. Lógico Ilógico
7. Lógico Ilógico
8. Lógico Ilógico

2 **Hacer diligencias** Look at the drawing and listen to Sofía's description of her day. During each pause, write the name of the place she went. The first one has been done for you.

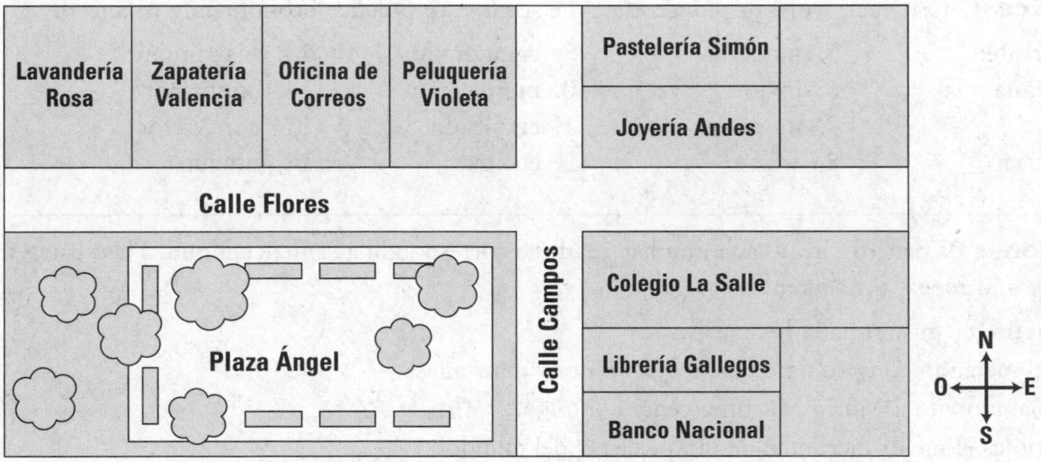

1. Lavandería Rosa
2. ______________________
3. ______________________
4. ______________________
5. ______________________
6. ______________________
7. ______________________
8. ______________________

3 **Preguntas** Look once again at the drawing in activity 2 and answer each question you hear with the correct information. Repeat the correct response after the speaker. (*5 items*)

modelo

La joyería está al norte de la plaza, ¿verdad?

No, la *joyería está al este de* la plaza.

4 **Perdidos en el centro** Listen to Carlos and Victoria's conversation and answer the questions.

1. ¿Qué buscan Carlos y Victoria? ______________________
2. ¿Quién les da la dirección? ______________________
3. ¿Qué deben hacer en el semáforo? ______________________
4. ¿A cuántas cuadras está del semáforo? ______________________

PRONUNCIACIÓN

m and n

The letter **m** is pronounced like the *m* in the English word *made*.

ma**m**á	**m**arzo	**m**andar	**m**esa

The letter **n** is pronounced like the *n* in the English word *none*.

norte	**n**adie	**n**unca	**n**ieto

When **n** is followed by the letter **v**, the **n** is pronounced like the Spanish **m**.

e**nv**iar	i**nv**ierno	i**nv**itado	co**n V**íctor

1 **Práctica** Repeat each word or phrase after the speaker to practice pronouncing **m** and **n**.

1. imposible
2. mañana
3. mano
4. manejar
5. número
6. invitar
7. moreno
8. envase
9. enamorado
10. monumento
11. empleado
12. encima
13. matrimonio
14. confirmar
15. con Víctor
16. ningún

2 **Oraciones** When you hear each number, read the corresponding sentence aloud. Then listen to the speaker and repeat the sentence.

1. A mí no me gustan nada los mariscos.
2. En el mercado compro naranjas, melocotones y manzanas.
3. Mañana invito a Mario Martín a cenar conmigo.
4. Mario es el mejor mecánico de motocicletas del mundo.
5. También le importa mucho la conservación del medio ambiente.
6. Siempre envía los envases de aluminio al centro de reciclaje en Valencia.

3 **Refranes** Repeat each saying after the speaker to practice pronouncing **m** and **n**.

1. Más vale poco y bueno que mucho y malo.[1]
2. Mala hierba nunca muere.[2]

4 **Dictado** You will hear a paragraph. Listen carefully and write what you hear during the pauses. The entire paragraph will then be repeated so that you can check your work.

____

____

____

____

____

____

[1]*Quality is more important than quantity.*

[2]*Like a bad penny, it just keeps turning up.* (lit. *Bad grass never dies.*)

Nombre ______________________ Fecha ______________________

GRAMÁTICA

14.1 The subjunctive in adjective clauses

1 **Identificar** Listen to each statement or question. If it refers to a person, place, or thing that clearly exists or is known, mark the **Sí** row. If it refers to a person, place, or thing that either does not exist or whose existence is uncertain, mark the **No** row.

modelo

You hear: Buscamos un hotel que tenga piscina.
You mark: the No row because the existence of the hotel is uncertain.

	Modelo	1.	2.	3.	4.	5.	6.
Sí	___	___	___	___	___	___	___
No	X	___	___	___	___	___	___

2 **Escoger** You will hear some sentences with a beep in place of the verb. Select the verb that best completes each sentence.

modelo

You hear: Tengo una cuenta corriente que *(beep)* gratis.
You select: es because the existence of the *cuenta corriente* is not in doubt.

1. tiene tenga 2. vende venda 3. vende venda 4. hacen hagan

3 **Cambiar** Change each sentence you hear into the negative. Repeat the correct answer after the speaker. (*6 items*)

modelo

Hay un restaurante aquí que sirve comida venezolana.
No hay ningún restaurante aquí que sirva comida venezolana.

4 **Buscando amistad** Read the ads for pen pals. Then listen to the four recorded personal ads. Write the name of the person whose written ad best suits each recorded personal ad.

Nombre: Gustavo Carrasquillo
Dirección: Casilla 204, La Paz, Bolivia
Edad: 20 años
Pasatiempos: Ver películas en inglés, leer revistas de política, escalar montañas, esquiar y hacer amistad con jóvenes de todo el mundo. Me pueden escribir en inglés o alemán.

Nombre: Claudia Morales
Dirección: Calle 4–14, Guatemala, Guatemala
Edad: 18 años
Pasatiempos: Ir a conciertos de rock, escuchar la radio, ver películas extranjeras, mandar y recibir correo electrónico.

Nombre: Alicia Duque
Dirección: Avenida Gran Capitán 26, Córdoba, España
Edad: 18 años
Pasatiempos: Ir al cine, a fiestas, bailar, hablar por teléfono y escribir canciones de amor. Pueden escribirme en francés.

Nombre: Antonio Ávila
Dirección: Apartado Postal 3007, Panamá, Panamá
Edad: 21 años
Pasatiempos: Entre mis pasatiempos están escribir cartas a amigos por todas partes del mundo, escuchar la radio, practicar deportes y leer revistas.

Nombre: Rosalinda Guerrero
Dirección: Calle 408 #3, Hatillo, Puerto Rico
Edad: 19 años
Pasatiempos: Navegar por Internet, leer sobre política, ir a conciertos y visitar museos de arte.

1. ______________________ 3. ______________________
2. ______________________ 4. ______________________

Nombre ______________________ Fecha ______________________

14.2 Familiar (tú) commands

1 **Identificar** You will hear some sentences. If the verb is a **tú** command, select **Sí**. If the verb is not a **tú** command, select **No**.

modelo

You hear: Camina en el parque.
You select: Sí because *Camina* is a **tú** command.

1.	Sí	No	6.	Sí	No
2.	Sí	No	7.	Sí	No
3.	Sí	No	8.	Sí	No
4.	Sí	No	9.	Sí	No
5.	Sí	No	10.	Sí	No

2 **¿Dónde están?** Eduardo's wife has asked him to do some errands for her. Using the map and her directions, write down the places she mentions.

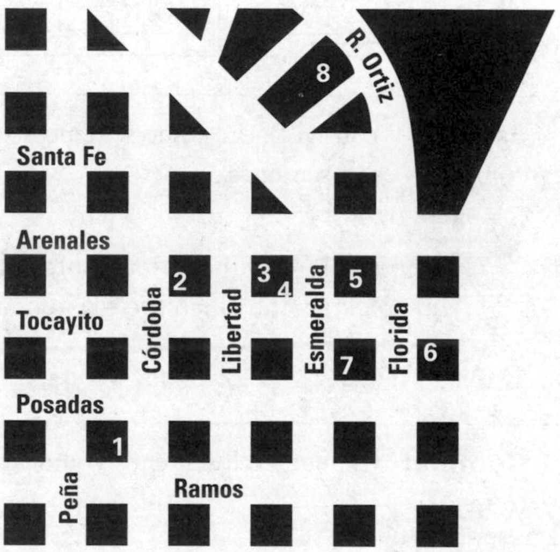

1 ______________________

2 ______________________

3 ______________________

4 ______________________

5 ______________________

6 ______________________

7 ______________________

8 ______________________

3 **Consejos prácticos** You will hear a conversation between a man who is visiting Panamá and his travel agent. Using **tú** commands and the ideas presented, write six pieces of advice that someone can follow when visiting Panamá.

1. ______________________
2. ______________________
3. ______________________
4. ______________________
5. ______________________
6. ______________________

Nombre ______________________ Fecha ______________________

14.3 Nosotros/as commands

1 **Identificar** Listen to each statement. Mark the **Sí** row if it is a command. Mark the **No** row if it is not.

modelo

You hear: Abramos la tienda.
You mark: Sí

	Modelo	1.	2.	3.	4.	5.	6.
Sí	X						
No							

2 **Cambiar** Change each sentence you hear to a **nosotros/as** command. Repeat the correct answer after the speaker. (*8 items*)

modelo

Vamos a visitar la Plaza Bolívar.
Visitemos la Plaza Bolívar.

3 **Preguntas** Answer each question you hear negatively. Then make another suggestion using the cue provided and a **nosotros/as** command.

modelo

You hear: ¿Cocinamos esta noche?
You see: Restaurante Cambur
You say: No, no cocinemos esta noche. Comamos en el Restaurante Cambur.

1. jugar a las cartas
2. esquiarla
3. ir a la biblioteca
4. limpiar el sótano

4 **¿Cierto o falso?** Listen to Manuel and Elisa's conversation. Then read the statements and decide whether they are **cierto** or **falso**.

	Cierto	Falso
1. Manuel está muy ocupado.	❍	❍
2. Manuel va a acompañar a Elisa a hacer diligencias.	❍	❍
3. Primero van a ir al correo para comprar sellos.	❍	❍
4. Elisa quiere primero depositar el cheque.	❍	❍
5. Manuel y Elisa van a comprar el postre antes de que vayan al banco.	❍	❍
6. Elisa sugiere cortarse el pelo de último.	❍	❍

Nombre ____________________ Fecha ____________________

PREPARACIÓN

Lección 15

1 **Identificar** You will hear a series of words or phrases. Write the word or phrase that does not belong in each group.

1. __________ 3. __________ 5. __________
2. __________ 4. __________ 6. __________

2 **Describir** For each drawing, you will hear a brief description. Indicate whether it is **cierto** or **falso** according to what you see.

1. Cierto Falso

2. Cierto Falso

3. Cierto Falso

4. Cierto Falso

3 **A entrenarse** Listen as Marisela describes her new fitness program. Then list the activities she plans to do each day.

lunes: ______________________________

martes: ______________________________

miércoles: ______________________________

jueves: ______________________________

viernes: ______________________________

sábado: ______________________________

domingo: ______________________________

Nombre ____________________ Fecha ____________________

PRONUNCIACIÓN

ch and p

In Spanish, the **ch** is pronounced like the *ch* sound in *church* and *chair*.

Co**ch**abamba no**ch**e mo**ch**ila mu**ch**a**ch**o que**ch**ua

In English, the letter *p* at the beginning of a word is pronounced with a puff of air. In contrast, the Spanish **p** is pronounced without the puff of air. It is somewhat like the *p* sound in *spin*. To check your pronunciation, hold the palm of your hand in front of your mouth as you say the following words. If you are making the **p** sound correctly, you should not feel a puff of air.

La **P**az **p**eso **p**iscina a**p**urarse **p**roteína

1 **Práctica** Repeat each word after the speaker, focusing on the **ch** and **p** sounds.

1. archivo
2. derecha
3. chau
4. lechuga
5. preocupado
6. operación
7. pie
8. cuerpo
9. computadora
10. chuleta
11. champiñón
12. leche

2 **Oraciones** When you hear the number, read the corresponding sentence aloud. Then listen to the speaker and repeat the sentence.

1. A muchos chicos les gusta el chocolate.
2. Te prohibieron comer chuletas por el colesterol.
3. ¿Has comprado el champán para la fiesta?
4. Chela perdió el cheque antes de depositarlo.
5. Levanto pesas para perder peso.
6. ¿Me prestas el champú?

3 **Refranes** Repeat each saying after the speaker to practice the **ch** and **p** sounds.

1. Del dicho al hecho, hay mucho trecho.[1]
2. A perro flaco todo son pulgas.[2]

4 **Dictado** You will hear eight sentences. Each will be said twice. Listen carefully and write what you hear.

1. ____________________
2. ____________________
3. ____________________
4. ____________________
5. ____________________
6. ____________________
7. ____________________
8. ____________________

[1]*It's easier said than done.*

[2]*It never rains, but it pours.*

Nombre ____________________ Fecha ____________________

GRAMÁTICA

15.1 Past participles used as adjectives

1 **Identificar** Listen to each sentence and write the past participle that is being used as an adjective.

modelo
You hear: Estoy interesada en estar en buena forma.
You write: interesada

1. ____________________
2. ____________________
3. ____________________
4. ____________________
5. ____________________
6. ____________________
7. ____________________
8. ____________________

2 **Preguntas** Pablo wants to go to the gym with his friend Manuel, but everything is going wrong. Answer each question using the cue provided.

modelo
You hear: ¿Y mi amigo Manuel?
You see: dormir
You say: Tu amigo Manuel *está* dormido.

1. congelar
2. romper
3. perder
4. abrir
5. dañar
6. vender
7. cerrar
8. morir

3 **¿Cierto o falso?** Look at the drawing and listen to each statement. Indicate whether each statement is **cierto** or **falso**.

	Cierto	Falso
1.	❍	❍
2.	❍	❍
3.	❍	❍
4.	❍	❍
5.	❍	❍
6.	❍	❍
7.	❍	❍
8.	❍	❍

15.2 The present perfect

1 **Identificar** Listen to each statement and mark the column for the subject of the verb.

modelo

You hear: Nunca han hecho ejercicios aeróbicos.
You mark: ellos/ellas

	yo	tú	él/ella	nosotros/as	ellos/ellas
Modelo	____	____	____	____	X
1.	____	____	____	____	____
2.	____	____	____	____	____
3.	____	____	____	____	____
4.	____	____	____	____	____
5.	____	____	____	____	____
6.	____	____	____	____	____

2 **Transformar** Change each sentence you hear from the present indicative to the present perfect indicative. Repeat the correct answer after the speaker. (*8 items*)

modelo

Pedro y Ernesto salen del gimnasio.
Pedro y Ernesto han salido del gimnasio.

3 **Preguntas** Answer each question you hear using the cue. Repeat the correct response after the speaker.

modelo

You hear: ¿Ha adelgazado Miguel?
You see: sí / un poco
You say: *Sí, Miguel ha adelgazado un poco.*

1. sí
2. sí
3. no
4. sí
5. no
6. no / todavía

4 **Consejos de una amiga** Listen to this conversation between Eva and Manuel. Then choose the correct ending for each statement.

1. Ellos están hablando de…
   a. que fumar es malo. b. la salud de Manuel. c. los problemas con sus clases.
2. Manuel dice que sufre presiones cuando…
   a. tiene exámenes. b. hace gimnasia. c. no puede dormir y fuma mucho.
3. Eva dice que ella...
   a. estudia durante el día. b. ha estudiado poco. c. también está nerviosa.
4. Eva le dice a Manuel que...
   a. deje de fumar. b. estudie más. c. ellos pueden estudiar juntos.

15.3 The past perfect

1 **¿Lógico o ilógico?** You will hear some brief conversations. Indicate if they are **lógico** or **ilógico**.

1.	Lógico	Ilógico	3.	Lógico	Ilógico	5.	Lógico	Ilógico
2.	Lógico	Ilógico	4.	Lógico	Ilógico	6.	Lógico	Ilógico

2 **Describir** Using the cues provided, describe what you and your friends had already done before your parents arrived for a visit. Repeat the correct answer after the speaker.

modelo

You see: preparar la cena
You hear: mis amigas
You say: **Mis amigas ya habían preparado la cena.**

1. limpiar el baño y la sala	3. sacudir los muebles	5. hacer las camas
2. sacar la basura	4. poner la mesa	6. darle de comer al gato

3 **Completar** Listen to this conversation and write the missing words. Then answer the questions.

JORGE ¡Hola, chico! Ayer vi a Carmen y no me lo podía creer, me dijo que te ________(1)________ en el gimnasio. ¡Tú, que siempre ________(2)________ tan sedentario! ¿Es cierto?

RUBÉN Pues, sí. ________(3)________ mucho de peso y me dolían las rodillas. Hacía dos años que el médico me ________(4)________ que tenía que mantenerme en forma. Y finalmente, hace cuatro meses (*four months ago*), decidí hacer gimnasia casi todos los días.

JORGE Te felicito (*I congratulate*), amigo. Yo también ________(5)________ hace un año a hacer gimnasia. ¿Qué días vas? Quizás nos podemos encontrar allí.

RUBÉN ________(6)________ todos los días al salir del trabajo. ¿Y tú? ¿Vas con Carmen?

JORGE Siempre ________(7)________ juntos hasta que compré mi propio carro. Ahora voy cuando quiero. Pero la semana que viene voy a tratar de ir después del trabajo para verte por allí.

1. ¿Por qué es extraño que Rubén esté en el gimnasio?
____
2. ¿Qué le había dicho el médico a Rubén?
____
3. ¿Por qué no va Jorge con Carmen al gimnasio?
____

Nombre ______________________ Fecha ______________________

PREPARACIÓN

Lección 16

1 **Identificar** Listen to each description and then complete the sentence by identifying the person's occupation.

modelo

You hear: La señora Ortiz enseña a los estudiantes. Ella es...
You write: maestra

1. ______________ 3. ______________ 5. ______________

2. ______________ 4. ______________ 6. ______________

2 **Anuncios clasificados** Look at the ads and listen to each statement. Then decide if the statement is **cierto** or **falso**.

EMPRESA INTERNACIONAL
busca
CONTADOR

Requisitos:
- Tenga estudios de administración de empresas
- Hable español e inglés

Se ofrece:
- Horario flexible
- Salario semanal de 700 córdobas
- Posibilidades de ascenso

Contacto: Sr. Flores
Tel: 492 2043

SE BUSCA DISEÑADOR

- Se ofrece un salario anual de 250.000 córdobas.
- Excelentes beneficios
- Debe tener cinco años de experiencia.

Si está interesado, envíe currículum a
EMPRESA LÓPEZ
Fax 342 2396

	Cierto	Falso		Cierto	Falso		Cierto	Falso
1.	❍	❍	3.	❍	❍	5.	❍	❍
2.	❍	❍	4.	❍	❍	6.	❍	❍

3 **Publicidad** Listen to this radio advertisement and answer the questions.

1. ¿Qué tipo de empresa es Mano a Obra?

____

2. ¿Qué hace esta empresa?

____

3. ¿Cuál es la ocupación del señor Mendoza?

____

4. ¿Qué le va a dar la empresa al señor Mendoza en un año?

____

5. ¿En qué profesiones se especializa (*specializes*) Mano a Obra?

____

Nombre ____________________ Fecha ____________________

PRONUNCIACIÓN

Intonation

Intonation refers to the rise and fall in the pitch of a person's voice when speaking. Intonation patterns in Spanish are not the same as those in English, and they vary according to the type of sentence.

In normal statements, the pitch usually rises on the first stressed syllable.

A **mí** me ofrecieron un ascenso. **Ca**da aspirante debe entregar una solicitud.

In exclamations, the pitch goes up on the first stressed syllable.

¡Oja**lá** venga! ¡**Cla**ro que sí!

In questions with yes or no answers, the pitch rises to the highest level on the last stressed syllable.

¿Trajiste el cu**rrí**culum? ¿Es usted arqui**tec**to?

In questions that request information, the pitch is highest on the stressed syllable of the interrogative word.

¿**Cuán**do renunciaste al trabajo? ¿**Cuál** es su número de teléfono?

1

Práctica Repeat each sentence after the speaker, imitating the intonation.

1. ¿Vas a venir a la reunión?
2. ¿Dónde trabajaba anteriormente?
3. ¡Qué difícil!
4. Estoy buscando un nuevo trabajo.
5. Quiero cambiar de profesión.
6. ¿Te interesa el puesto?

2

Oraciones When you hear the number, say the speaker's lines in this dialogue aloud. Then listen to the speaker and repeat the sentences.

1. **REPARTIDOR (*DELIVERYMAN*)** Trabajo para la Compañía de Transportes Alba. ¿Es usted el nuevo jefe?
2. **JEFE** Sí. ¿Qué desea?
3. **REPARTIDOR** Aquí le traigo los muebles de oficina. ¿Dónde quiere que ponga el escritorio?
4. **JEFE** Allí delante, debajo de la ventana. ¡Tenga cuidado! ¿Quiere romper la computadora?
5. **REPARTIDOR** ¡Perdón! Ya es tarde y estoy muy cansado.
6. **JEFE** Perdone usted, yo estoy muy nervioso. Hoy es mi primer día en el trabajo.

3

Dictado You will hear a phone conversation. Listen carefully and write what you hear during the pauses. The entire conversation will then be repeated so that you can check your work.

PACO ____________________

____

ISABEL ____________________

____

PACO ____________________

____

ISABEL ____________________

____

PACO ____________________

Nombre _______________ Fecha _______________

GRAMÁTICA

16.1 The future tense

1 **Identificar** Listen to each sentence and mark the column for the subject of the verb.

modelo

You hear: Iré a la reunión.
You mark: yo

	yo	tú	él/ella	nosotros/as	ustedes
Modelo	X				
1.					
2.					
3.					
4.					
5.					
6.					
7.					
8.					

2 **Cambiar** Change each sentence you hear to the future tense. Repeat the correct answer after the speaker. (*8 items*)

modelo

Ellos van a salir pronto.
Ellos saldrán pronto.

3 **Preguntas** Answer each question you hear using the cues. Repeat the correct response after the speaker.

modelo

You hear: ¿Con quién saldrás esta noche?
You see: Javier
You say: **Yo saldré con Javier.**

1. no / nada
2. el lunes por la mañana
3. Santo Domingo
4. esta noche
5. 2:00 p.m.
6. sí
7. de periodista
8. la próxima (*next*) semana

4 **Nos mudamos** Listen to this conversation between Fernando and Marisol. Then read the statements and decide whether they are **cierto** or **falso**.

	Cierto	Falso
1. Marisol y Emilio se mudarán a Granada.	○	○
2. Ellos saben cuándo se mudan.	○	○
3. Marisol y Emilio harán una excursión a la selva y las playas antes de que él empiece su nuevo trabajo.	○	○
4. Fernando no podrá visitarlos en Nicaragua en un futuro próximo (*near*).	○	○

Nombre ______________________ Fecha ______________________

16.2 The conditional tense

1 **Identificar** Listen to each sentence and decide whether you hear a verb in the future, the conditional, or the imperfect tense.

1. a. future	b. conditional	c. imperfect
2. a. future	b. conditional	c. imperfect
3. a. future	b. conditional	c. imperfect
4. a. future	b. conditional	c. imperfect
5. a. future	b. conditional	c. imperfect
6. a. future	b. conditional	c. imperfect
7. a. future	b. conditional	c. imperfect
8. a. future	b. conditional	c. imperfect
9. a. future	b. conditional	c. imperfect
10. a. future	b. conditional	c. imperfect

2 **Cambiar** Form a new sentence replacing **iba a** + [*infinitive*] construction with the corresponding verb in the conditional. Repeat the correct answer after the speaker. (*6 items*)

modelo

Andrea dijo que iba a cambiar de trabajo.
Andrea dijo que cambiaría de trabajo.

3 **Entrevista** You are a good cook and you are considering opening a Salvadorian restaurant. The investor wants to know what it will be like. Answer his questions using the cues provided. Then repeat the correct response after the speaker.

modelo

You hear: ¿Cómo se llamaría el restaurante?
You see: Rincón Salvadoreño
You say: **El restaurante se llamaría Rincón Salvadoreño.**

1. 10
2. sí / periódico
3. yo
4. $60.000
5. seguro médico
6. sí / un año

4 **La conferencia de negocios** Cristina is planning a business conference. Listen to her ideas and then indicate whether the statements are **cierto** or **falso**.

	Cierto	Falso
1. La conferencia sería en la compañía.	❍	❍
2. Hablaría un hombre de negocios de mucho éxito.	❍	❍
3. El mejor cocinero de la ciudad haría la cena.	❍	❍
4. Los reporteros entrevistarían a Cristina.	❍	❍
5. Cristina podría obtener un aumento de sueldo.	❍	❍
6. Cristina no debería pensar en otra idea.	❍	❍

Nombre ______________________ Fecha ______________________

16.3 The past subjunctive

1 **Identificar** Listen to the following verbs. Select **Sí** if the verb is in the past subjunctive and **No** if it is in another tense.

1.	Sí	No	7.	Sí	No
2.	Sí	No	8.	Sí	No
3.	Sí	No	9.	Sí	No
4.	Sí	No	10.	Sí	No
5.	Sí	No	11.	Sí	No
6.	Sí	No	12.	Sí	No

2 **Cambiar** Form a new sentence using the cue you hear. Repeat the correct answer after the speaker. (*8 items*)

modelo

Marisa quería que yo dejara el trabajo. (mi hermana)

Marisa quería que mi hermana dejara el trabajo.

3 **Completar** Complete each phrase you hear using the cue provided and the past subjunctive. Repeat the correct response after the speaker.

modelo

You hear: Esperábamos que tú...

You see: seguir otra carrera

You say: ***Esperábamos que tú siguieras otra carrera.***

1. ir a renunciar al puesto
2. darte el aumento
3. invertir en su empresa
4. saber la verdad
5. poner un anuncio en los periódicos
6. llegar temprano al trabajo
7. ofrecerles mejores beneficios
8. gastar menos dinero

4 **El mundo de los negocios** Listen to this conversation between two coworkers and answer the questions.

1. ¿Qué le pidió el jefe a Elisa cuando la llamó por teléfono?

____

2. ¿Qué le pidió el jefe a la empleada cuando entró (*entered*) en su oficina?

____

3. ¿Qué le preguntó el jefe a Elisa?

____

4. ¿Qué le contestó Elisa?

____

Photography and Art Credits
All images © Vista Higher Learning unless otherwise noted.

Cover © PhotoLatino/eStock Photo-All rights reserved; **15** Martín Bernetti.